# CADERNO do Futuro

A evolução do caderno

## GEOGRAFIA

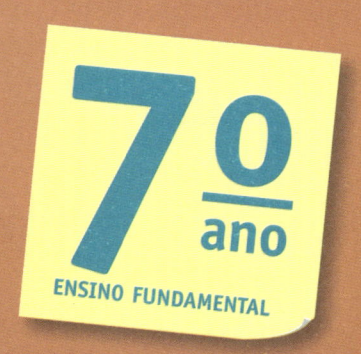

**7º ano**
ENSINO FUNDAMENTAL

3ª edição
São Paulo - 2013

**IBEP**

Coleção Caderno do Futuro
Geografia
© IBEP, 2013

| | |
|---|---|
| **Diretor superintendente** | Jorge Yunes |
| **Gerente editorial** | Célia de Assis |
| **Editor** | Renata Regina Buset |
| **Assistente editorial** | Felipe Passos |
| **Revisão** | André Odashima |
| | Luiz Gustavo Bazana |
| **Coordenadora de arte** | Karina Monteiro |
| **Assistente de arte** | Marilia Vilela |
| | Nane Carvalho |
| | Carla Almeida Freire |
| **Coordenadora de iconografia** | Maria do Céu Pires Passuello |
| **Assistente de iconografia** | Adriana Neves |
| | Wilson de Castilho |
| **Ilustrações** | N-Publicações |
| **Cartografia** | Mario Yoshida |
| **Produção gráfica** | José Antônio Ferraz |
| **Assistente de produção gráfica** | Eliane M. M. Ferreira |
| **Projeto gráfico** | Departamento de Arte Ibep |
| **Capa** | Departamento de Arte Ibep |
| **Editoração eletrônica** | N-Publicações |

**CIP-BRASIL. CATALOGAÇÃO-NA-FONTE**
**SINDICATO NACIONAL DOS EDITORES DE LIVROS, RJ**

P682g
3.ed

Piffer, Osvaldo Liscio de Oliveira
   Geografia : 7º ano / Osvaldo Liscio de Oliveira Piffer. - 3. ed. - São Paulo : IBEP, 2013.
   il. ; 28 cm     (Caderno do futuro)

   ISBN 978-85-342-3561-7 (aluno) - 978-85-342-3565-5 (mestre)

   1. Geografia - Estudo e ensino (Ensino fundamental). I. Título. II. Série.

12-8680.                              CDD: 372.891
                                      CDU: 373.3.016:9

27.11.12   03.12.12                           041061

3ª edição - São Paulo - 2013
Todos os direitos reservados.

**IBEP**

Av. Alexandre Mackenzie, 619 - Jaguaré
São Paulo - SP - 05322-000 - Brasil - Tel.: (11) 2799-7799
www.editoraibep.com.br    editoras@ibep-nacional.com.br

CTP, Impressão e Acabamento
IBEP Gráfica

# SUMÁRIO

## ASPECTOS NATURAIS DO BRASIL

1. A posição geográfica do Brasil .................... 4
2. O relevo .................................................... 9
3. A hidrografia ............................................ 14
4. Os climas ................................................. 25
5. Os domínios naturais ............................... 33

## POPULAÇÃO BRASILEIRA

6. A evolução da nossa população ............... 38
7. A distribuição da população ..................... 41
8. As diferenças na nossa população ........... 46
9. A população que trabalha ........................ 50
10. A imigração no Brasil .............................. 54
11. A concentração da nossa população ........ 59

## ECONOMIA BRASILEIRA

12. A agricultura ........................................... 63
13. A pecuária .............................................. 72
14. A mineração ........................................... 80
15. A indústria .............................................. 84
16. As concentrações industriais ................... 88
17. Os transportes ........................................ 91
18. As grandes regiões brasileiras ................ 100
19. Região Norte .......................................... 104
20. Região Nordeste ..................................... 112
21. Região Sudeste ...................................... 121
22. Região Sul .............................................. 130
23. Região Centro-Oeste .............................. 140
    Miniatlas ................................................ 149

**ESCOLA**

**NOME**

**PROFESSOR**

| HORA | SEGUNDA | TERÇA | QUARTA | QUINTA | SEXTA | SÁBADO |
|---|---|---|---|---|---|---|
|  |  |  |  |  |  |  |
|  |  |  |  |  |  |  |
|  |  |  |  |  |  |  |
|  |  |  |  |  |  |  |
|  |  |  |  |  |  |  |
|  |  |  |  |  |  |  |

**PROVAS E TRABALHOS**

## ASPECTOS NATURAIS DO BRASIL

## 1. A posição geográfica do Brasil

O Brasil é um país sul-americano.

O território brasileiro está localizado, geograficamente, na porção centro-oriental da América do Sul e faz fronteira com muitos países e com o oceano Atlântico.

**Fronteiras** – *limites, separações, linhas divisórias.*

1. Consulte o planisfério político no Miniatlas e responda às questões a seguir.

a) Quais são os paralelos importantes que atravessam o território brasileiro?

b) Considerando a linha do Equador e o Meridiano de Greenwich, responda: Em qual dos quatro hemisférios (Norte, Sul, Ocidental e Oriental) o Brasil não possui terras?

c) Dê o nome dos três principais oceanos e identifique aquele que banha as terras brasileiras.

d) Separado por água, qual é o continente mais próximo do Brasil?

e) Do continente europeu, quais são os países mais próximos do Brasil?

f) Observe o mapa das zonas térmicas no Miniatlas e responda: considerando as zonas térmicas da Terra, podemos dizer que o Brasil é um país de clima quente ou de clima frio? Por quê?

**2.** Observe o mapa político da América do Sul e complete as frases a seguir.

**América do Sul - Político**

Fonte: *Atlas Geográfico Escolar*. Rio de Janeiro: IBGE, 2009.

a) O maior país da América do Sul é o _____.
Sua capital é _____.

b) A América do Sul é banhada a leste pelo oceano _____ e a oeste pelo oceano _____.

c) O território brasileiro limita-se:
- a norte, com a _____, o _____, a _____, a _____ e o oceano Atlântico;

- a nordeste, leste e sudeste, com o _____;

- a sul, com o _____;

- a sudoeste, com o _____ e a _____;

- a oeste, com o _____ e a _____;

- a noroeste, com a _____.

d) Os limites do território brasileiro estendem-se por 23.086 km, sendo 15.719 km de linhas divisórias ou fronteiras terrestres com outros _____ e 7.367 km de litoral com o oceano _____.

e) Dos países que fazem fronteira com o Brasil, os que apresentam as fronteiras mais extensas são a _____ e o _____; as menos extensas, o _____ e a _____ (colônia da França).

**3.** Encontre no diagrama a seguir o nome dos únicos países sul-americanos com os quais o Brasil não faz fronteira.

| A | B | E | G | O | J | U | L |
| C | I | C | H | I | L | E | S |
| D | A | M | I | N | O | P | E |
| F | E | Q | U | A | D | O | R |

**4.** Faça a correspondência de cada país sul-americano com a respectiva capital.

| País | | Capital |
|---|---|---|
| a) Argentina | (   ) | Caiena |
| b) Bolívia | (   ) | Paramaribo |
| c) Brasil | (   ) | Georgetown |
| d) Chile | (   ) | Caracas |
| e) Colômbia | (   ) | Bogotá |
| f) Equador | (   ) | Quito |
| g) Guiana | (   ) | Lima |
| h) Guiana Francesa (colônia da França) | (   ) | Brasília |
| i) Paraguai | (   ) | La Paz |
| j) Peru | (   ) | Assunção |
| k) Suriname | (   ) | Montevidéu |
| l) Uruguai | (   ) | Buenos Aires |
| m) Venezuela | (   ) | Santiago |

Obs.: o Instituto Brasileiro de Geografia e Estatística (IBGE) não considera mais Trinidad e Tobago como pertencente à América do Sul.

**5.** Os paralelos são linhas imaginárias traçadas paralelamente na superfície do nosso planeta.

a) Como se chamam esses paralelos?

b) Qual dos conjuntos abaixo representa a sequência correta no que se refere às zonas climáticas do globo terrestre?

I)
| Frio |
| Quente |
| Temperado |
| Quente |
| Frio |

II)
| Frio |
| Temperado |
| Quente |
| Temperado |
| Frio |

III)
| Frio |
| Temperado |
| Temperado |
| Frio |
| Quente |

c) Localize o Brasil nas zonas climáticas e diga qual é a consequência dessa localização.

**6.** Ligue os países sul-americanos aos paralelos que os atravessam.

Colômbia
Chile
Brasil           (Equador)
Equador
Paraguai    (Trópico de Capricórnio)
Argentina

**7.** Complete a frase a seguir.
Como consequência da sua grande extensão _____ ou latitudinal, o território brasileiro estende-se por duas grandes zonas térmicas ou climáticas, que são a _____ e a _____.

**8.** Observe o planisfério, no Miniatlas, e complete as frases a seguir.

a) Pelo fato de ser atravessado, a norte, pela linha do _____, o território brasileiro está distribuído da seguinte maneira: 7% no hemisfério _____ e 93% no hemisfério _____.

b) Nosso território é atravessado também, a sul, pelo _____, e sua maior parte está localizada na zona tropical.

c) O território brasileiro está inteiramente localizado a _____ do Meridiano Inicial ou de Greenwich. É por essa razão que temos apenas _____ a oeste e horários _____ em relação ao fuso GMT.

d) Sabendo de todas essas particularidades da localização do nosso território, podemos entender que o Brasil está localizado parcialmente no hemisfério _____, totalmente no hemisfério _____ e no _____.

---

**GMT (Greenwich Meridian Time)** – *hora de Greenwich.*
**Parcialmente** – *em parte.*

## 2. O relevo

A observação e o estudo das terras brasileiras revelam que as altitudes do nosso relevo são bem modestas.

Predominam, em 58,5% do nosso território, as chamadas **terras altas**, com altitudes que variam entre 201 m e 1.200 m.

As nossas terras altas são **planaltos** com colinas e regiões serranas, de altitudes muito baixas quando comparadas com as elevações das Montanhas Rochosas, da cadeia dos Alpes, das cordilheiras dos Andes e do Himalaia.

As **terras baixas**, com altitudes de até 200 m, ocupam 41% do nosso território: são as **depressões** e as **planícies**.

As depressões são rebaixamentos que caracterizam determinados terrenos, a partir da referência da altitude local. Por essa razão, elas podem ser chamadas de **depressões relativas**. Uma depressão é chamada de absoluta quando se encontra abaixo do nível do mar.

As planícies mais expressivas se estendem ao longo do litoral e de alguns grandes rios, como o Amazonas, o Paraguai, o Araguaia e o Guaporé.

### Depressão

Superfície entre 100 e 500 metros de altitude com suave inclinação, formada por prolongados processos de erosão. Trata-se de um rebaixamento do relevo em relação às áreas vizinhas.

### Serra

Terreno muito trabalhado pela erosão. Varia de 600 a 3.000 metros de altitude. É formada por morros pontiagudos (cristas). Apresenta estrutura geológica antiga.

### Planalto

Ao contrário do que sugere o nome, é uma superfície irregular com altitude geralmente acima de 300 metros. É constituído por terreno antigo, em que os processos de erosão predominam sobre os de sedimentação. Pode ter morros, serras ou elevações íngremes de topo plano (chapadas).

### Planície

Superfície plana, geralmente com, no máximo, 100 metros de altitude. É formada pelo acúmulo recente de sedimentos movimentados pelas águas do mar, de rios ou de lagos.

---

**1.** Complete a cruzadinha com os termos técnicos do relevo.

1. Formada por morros pontiagudos (cristas).

2. Terreno de estrutura geológica antiga, produto mais da erosão do que da sedimentação.

3. Superfície plana formada pelo acúmulo recente de sedimentos.

4. Superfície entre 100 e 500 metros de altitude com suave inclinação.

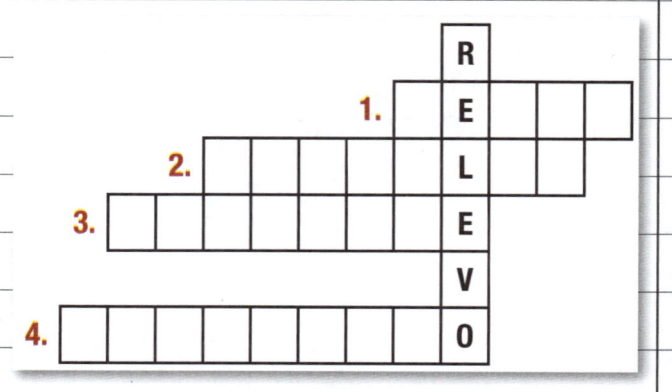

**2.** Observe o mapa do relevo brasileiro, consulte o texto e responda às questões a seguir.

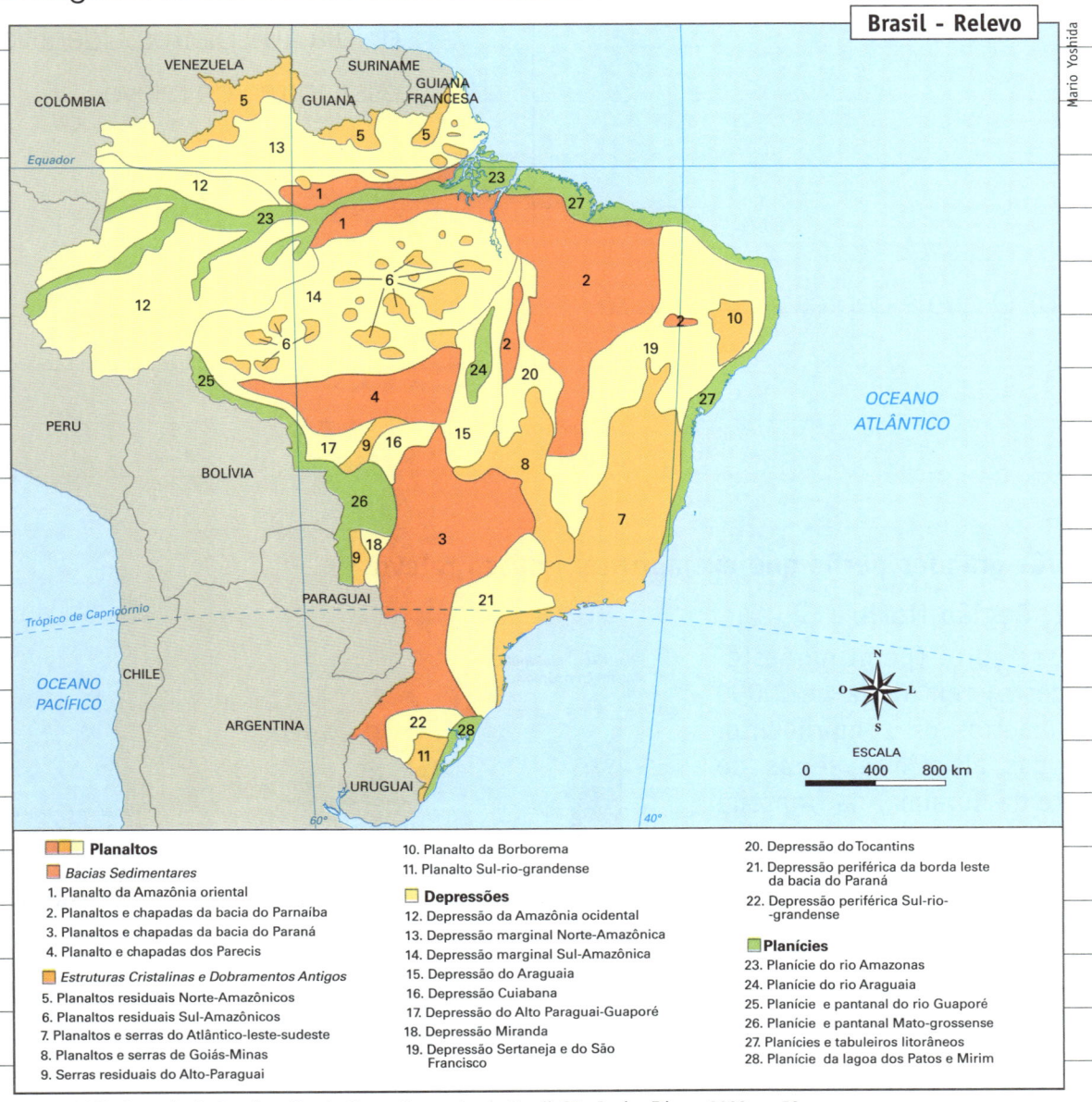

**Brasil - Relevo**

**Planaltos**

**Bacias Sedimentares**
1. Planalto da Amazônia oriental
2. Planaltos e chapadas da bacia do Parnaíba
3. Planaltos e chapadas da bacia do Paraná
4. Planalto e chapadas dos Parecis

**Estruturas Cristalinas e Dobramentos Antigos**
5. Planaltos residuais Norte-Amazônicos
6. Planaltos residuais Sul-Amazônicos
7. Planaltos e serras do Atlântico-leste-sudeste
8. Planaltos e serras de Goiás-Minas
9. Serras residuais do Alto-Paraguai
10. Planalto da Borborema
11. Planalto Sul-rio-grandense

**Depressões**
12. Depressão da Amazônia ocidental
13. Depressão marginal Norte-Amazônica
14. Depressão marginal Sul-Amazônica
15. Depressão do Araguaia
16. Depressão Cuiabana
17. Depressão do Alto Paraguai-Guaporé
18. Depressão Miranda
19. Depressão Sertaneja e do São Francisco
20. Depressão do Tocantins
21. Depressão periférica da borda leste da bacia do Paraná
22. Depressão periférica Sul-rio-grandense

**Planícies**
23. Planície do rio Amazonas
24. Planície do rio Araguaia
25. Planície e pantanal do rio Guaporé
26. Planície e pantanal Mato-grossense
27. Planícies e tabuleiros litorâneos
28. Planície da lagoa dos Patos e Mirim

**Fonte:** ROSS, Jurandyr L. Sanchez (Org.). *Geografia geral e do Brasil*. São Paulo: Edusp, 2008. p. 53.

a) Qual altitude caracteriza a maior parte do território brasileiro?

b) Quais são as semelhanças e diferenças entre depressão e planalto?

c) Que tipos de depressão são encontrados no Brasil? Explique.

e) Em que partes do território brasileiro predominam as altitudes de 0 a 100 metros? Identifique essa forma de relevo.

d) O que é depressão absoluta?

---

**Três grandes perfis que exemplificam nosso relevo**

**1. Região Norte**

Esse corte (perfil noroeste-sudeste) tem cerca de 2.000 quilômetros de comprimento. Vai das altíssimas serras do norte de Roraima, na fronteira com a Venezuela, a Colômbia e a Guiana, até o norte do estado de Mato Grosso. Mostra claramente as estreitas faixas de planície situadas às margens do rio Amazonas, a partir das quais seguem-se amplas extensões de terras altas: planaltos e depressões.

*Planaltos Residuais Norte-Amazônicos — Depressão Marginal Norte-Amazônica — Planalto da Amazônia Oriental — Planície do Rio Amazonas — Depressão Marginal Sul-Amazônica — Planaltos Residuais Sul-Amazônicos*

**2. Região Nordeste**

Esse corte tem cerca de 1.500 quilômetros de extensão. Vai do interior do Maranhão ao litoral de Pernambuco. Apresenta um retrato abrangente do relevo da região: dois planaltos (da bacia do Parnaíba e da Borborema) que cercam a depressão Sertaneja (ex-planalto Nordestino). As regiões altas são cobertas por mata. As baixas, por caatinga.

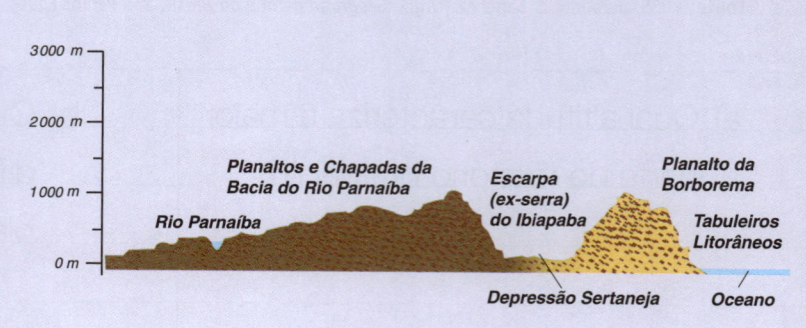

*Rio Parnaíba — Planaltos e Chapadas da Bacia do Rio Parnaíba — Escarpa (ex-serra) do Ibiapaba — Depressão Sertaneja — Planalto da Borborema — Tabuleiros Litorâneos — Oceano*

### 3. Regiões Centro-Oeste e Sudeste

Esse corte, com cerca de 1.500 quilômetros de comprimento, vai do estado do Mato Grosso do Sul ao litoral paulista. Com altitude entre 80 e 150 metros, a planície do Pantanal está quase no mesmo nível do oceano Atlântico. A bacia do Paraná, formada por rios de planalto, concentra as maiores usinas hidrelétricas brasileiras.

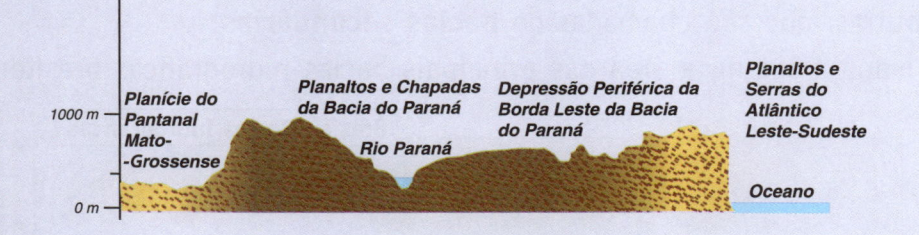

Planície do Pantanal Mato-Grossense — Planaltos e Chapadas da Bacia do Paraná — Rio Paraná — Depressão Periférica da Borda Leste da Bacia do Paraná — Planaltos e Serras do Atlântico Leste-Sudeste — Oceano

**3.** Você já sabe que nosso país é atravessado pelas linhas do Equador e do Trópico de Capricórnio.

a) Imagine cada uma dessas linhas como um corte oeste-leste, para traçar os perfis do relevo.

b) Não se esqueça de identificar as unidades geográficas.

c) Observe as altitudes e faça uma comparação entre os dois perfis.

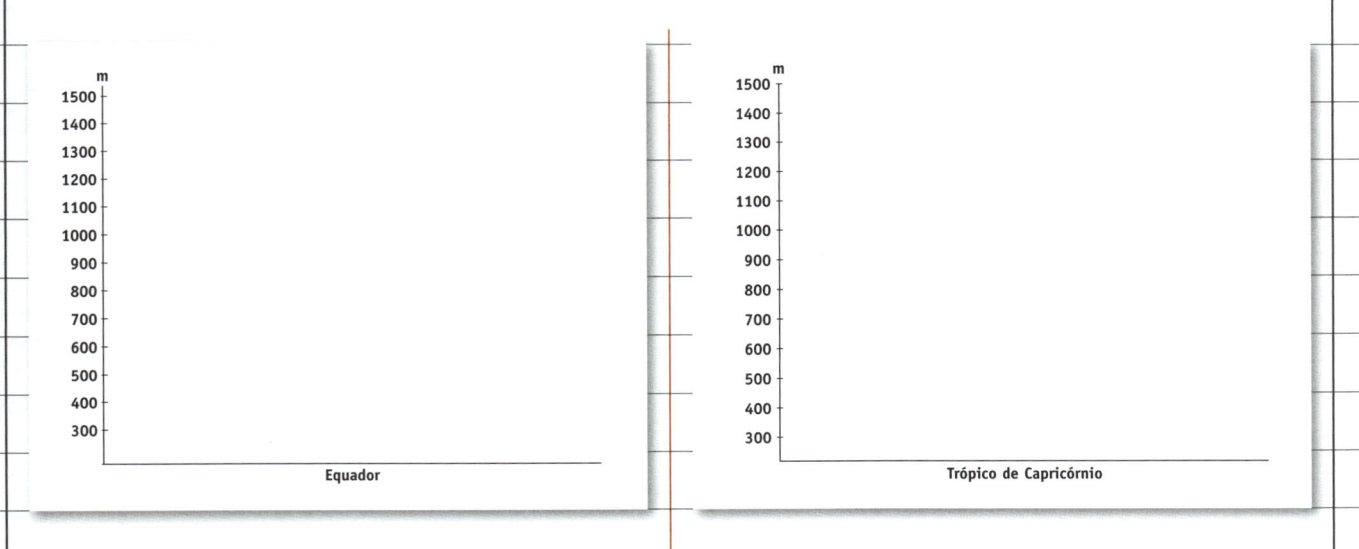

Equador

Trópico de Capricórnio

## 3. A hidrografia

O relevo brasileiro é cortado por grande quantidade de rios.

As principais bacias fluviais brasileiras são a do **Amazonas**, a **Platina** e a do **São Francisco**.

Existem outras, que são chamadas de **bacias secundárias**.

Veja, no mapa a seguir, a área das principais bacias hidrográficas brasileiras.

**Brasil - Bacias hidrográficas**

**Fonte:** Resolução nº 32 do Conselho de Recursos Hídricos de 15/10/2003.

**1.** Responda às questões a seguir.

a) Quais são as principais bacias hidrográficas brasileiras?

b) Podemos afirmar que o Brasil é um país bem abastecido de água doce? Por quê?

c) Qual é a maior bacia hidrográfica do Brasil?

Confluência dos rios Negro e Solimões (AM).

### A bacia do Amazonas

Com mais de 3,9 milhões de quilômetros quadrados em terras brasileiras, a bacia do Amazonas é a maior bacia fluvial do mundo. O rio principal dessa bacia, o Amazonas, é o rio de maior volume de água em todo o planeta.

Há fortes indícios de que o rio Amazonas seja, também, o mais extenso da Terra, à frente do rio Nilo, na África. Alguns institutos geográficos já o consideram como tal, com base em medições indiretas, realizadas por fotos de satélites. Entretanto, para comprovar esse fato geograficamente, foi planejada uma expedição científica para percorrer o rio Amazonas desde sua nascente, na cordilheira dos Andes, até sua foz, no oceano Atlântico.

O rio Amazonas não é totalmente brasileiro, pois ele nasce no Peru, a 5.500 m de altitude, em plena região dos Andes. No território peruano, antes de penetrar em terras brasileiras, o rio é chamado de Apurimac e Ucayali, no qual deságua o afluente Marañon.

Ao penetrar no estado do Amazonas, o rio Ucayali recebe o nome de Solimões e assim é chamado até a confluência com o rio Negro, em Manaus, quando recebe o nome de rio Amazonas, até sua desembocadura, no estado do Pará, junto à ilha de Marajó.

Rio Amazonas, no encontro das águas dos rios Negro e Solimões (AM).

**Rio Amazonas - Bacia hidrográfica**

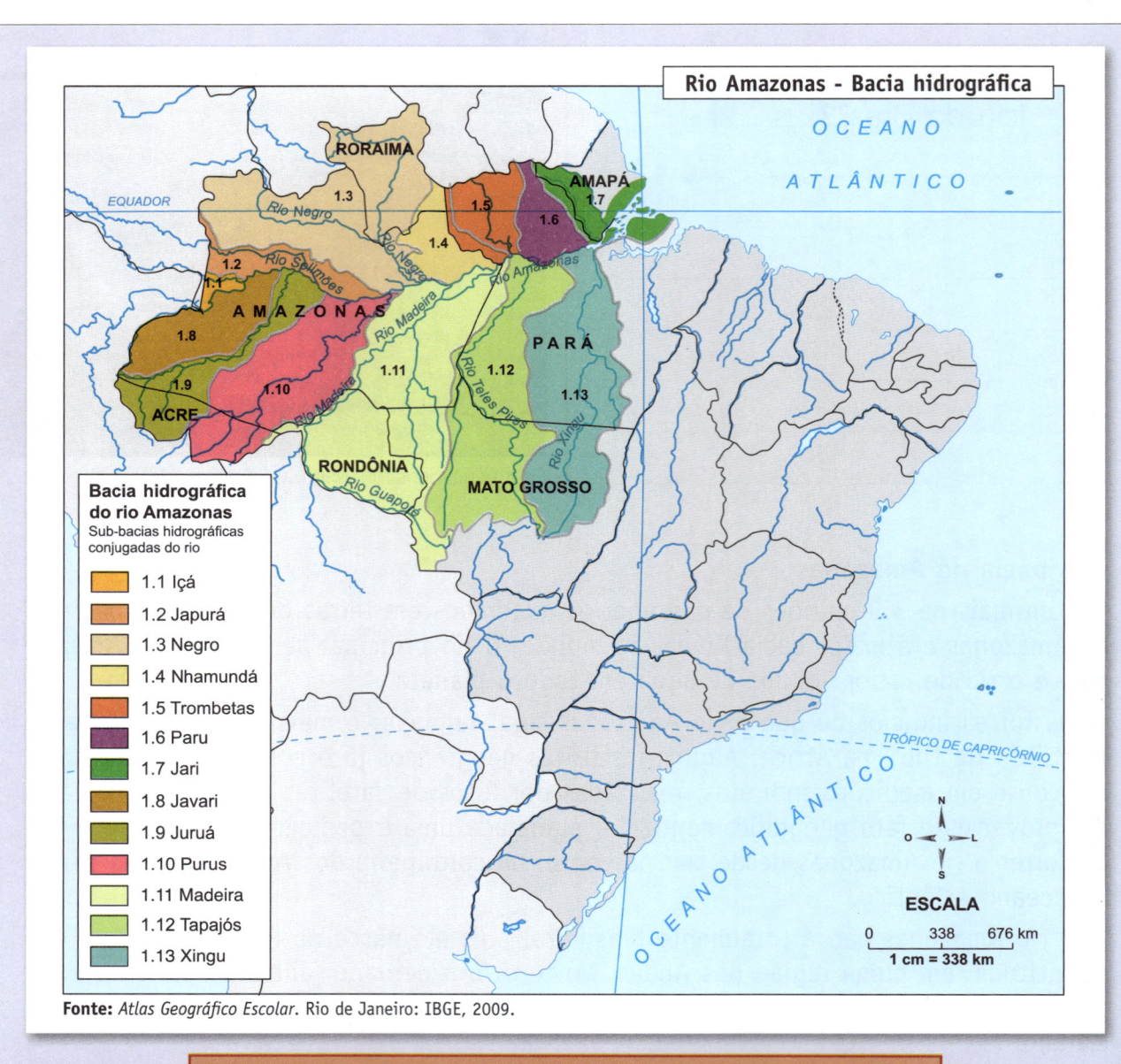

**Bacia hidrográfica do rio Amazonas**
Sub-bacias hidrográficas conjugadas do rio

- 1.1 Içá
- 1.2 Japurá
- 1.3 Negro
- 1.4 Nhamundá
- 1.5 Trombetas
- 1.6 Paru
- 1.7 Jari
- 1.8 Javari
- 1.9 Juruá
- 1.10 Purus
- 1.11 Madeira
- 1.12 Tapajós
- 1.13 Xingu

ESCALA
0   338   676 km
1 cm = 338 km

**Fonte:** *Atlas Geográfico Escolar*. Rio de Janeiro: IBGE, 2009.

| PRINCIPAIS AFLUENTES DO RIO AMAZONAS ||
|---|---|
| **Margem esquerda ou norte** | **Margem direita ou sul** |
| Rio Japurá – AM | Rio Purus – AM |
| Rio Negro – AM | Rio Madeira – AM-RO |
| Rio Trombetas – PA | Rio Tapajós – PA |
| Rio Jari – PA-AP | Rio Xingu – PA |

**2.** Leia o texto e observe o mapa anterior para completar as frases a seguir.

a) Após a confluência com o rio Negro, nosso maior rio recebe o nome de _____, e com esse nome permanece até sua desembocadura no estado do Pará, junto à Ilha _____.

*Desembocadura – foz, terminal, onde deságua um rio.*

b) O Amazonas recebe esse nome a partir da confluência dos rios _____ e _____.

*Confluência – junção, ajuntamento, fusão, encontro.*

c) A maior bacia hidrográfica do mundo é a _____.

d) O maior rio do mundo em extensão e volume de água é o rio _____.

e) Ao entrar no Brasil, o rio Amazonas recebe o nome de _____.

Para identificar as margens direita e esquerda de um rio, deve-se ficar de costas para sua nascente e de frente para sua foz.

Visualizar os afluentes de cada margem de um rio é importante, pois muitas vezes eles banham regiões que apresentam climas diferentes, com peculiaridades no regime pluviométrico – variações na distribuição das chuvas em diferentes épocas. Esse regime pode determinar os períodos de cheia ou vazante do rio.

**3.** Localize no mapa anterior, pesquise em livros, revistas e na internet os afluentes do rio Amazonas e classifique-os pela margem.

**4.** Como são identificadas as margens esquerda e direita de um rio?

> Dentre os numerosos portos fluviais da bacia do Amazonas, destacam-se como principais os de:
> - **Belém**, no rio Amazonas, no estado do Pará, com o mercado Ver-o-Peso;
> - **Manaus**, no rio Negro, no estado do Amazonas, com cais flutuante;
> - **Santarém**, no rio Amazonas, no estado do Pará.
>
> Com a bacia do Amazonas, tem sido estudado o sistema Tocantins-Araguaia, que, segundo o IBGE, é uma bacia fluvial à parte, com 803.250 km².

**5.** Observe o mapa "Brasil - Destaques hidrográficos" no Miniatlas e complete as frases a seguir.

a) O rio Tocantins, com seus afluentes, banha a maior parte dos estados de _____, do _____ e partes dos estados do _____, do _____ e de _____. Ele deságua na margem direita do rio Amazonas, junto à ilha de _____.

b) O rio Araguaia, que separa o estado de Goiás dos estados de _____ e do _____, tem em seu curso a famosa Bananal (maior ilha fluvial do mundo) e é o principal afluente do rio _____.

c) O sistema Tocantins-Araguaia é formado pelos rios _____, _____ e seus _____.

d) O nome da ilha localizada no rio Araguaia é _____. Ela está no estado do _____.

> A importância e a riqueza de um rio são incalculáveis. Ele abastece populações ribeirinhas com água e alimentos como os aracus, pacus e tucunarés da Amazônia; serve de via de navegação e atende às populações mais distantes por meio das hidrelétricas.
>
> Mas será que o homem tem consciência dessa importância e da necessidade de manter os rios limpos e vivos para que os recursos hídricos se conservem?
>
> Em todo o Brasil, os rios têm sido contaminados por esgoto, lixo doméstico e resíduos químicos das atividades agrícola, mineral e industrial.

**6.** Identifique, no diagrama a seguir, seis "utilidades" dos rios.

| | | | | | | | | |
|---|---|---|---|---|---|---|---|---|
| P | R | E | D | U | Ç | Ã | O | D | E |
| F | A | L | T | U | R | I | S | M | O |
| O | T | E | D | E | B | A | C | I | A |
| R | O | T | N | H | E | G | O | R | S |
| N | B | R | F | I | C | A | S | R | I |
| E | R | I | P | E | S | C | A | I | S |
| C | A | C | A | D | E | I | R | G | A |
| I | D | I | L | R | I | N | X | A | R |
| M | U | D | G | O | Á | T | U | Ç | U |
| E | N | A | V | E | G | A | Ç | Ã | O |
| N | U | D | Í | G | U | R | P | O | R |
| O | M | E | C | A | A | N | A | B | I |

### Bacia do Paraná, Prata ou Platina

A segunda maior bacia fluvial brasileira é a do rio da Prata, formada pelos rios Paraná, Paraguai e Uruguai, que banha 1.397.906 km², ou pouco mais de 16% do território brasileiro, terras do Paraguai, da Argentina e do Uruguai.

O rio Paraná é formado pela junção de dois rios muito importantes: o Paranaíba e o Grande. Ele nasce na fronteira entre os estados de Minas Gerais, Mato Grosso do Sul e São Paulo e é a fronteira natural que separa o estado do Mato Grosso do Sul dos estados de São Paulo e do Paraná.

Esse rio é também a fronteira que separa o Brasil do Paraguai, no trecho onde estão localizadas a Ponte da Amizade e a usina binacional de Itaipu. Após deixar o território brasileiro, o rio Paraná serve de fronteira entre o Paraguai e a Argentina e, depois de banhar boa parte do território argentino, deságua no estuário do Prata, junto à foz do rio Uruguai.

| PRINCIPAIS AFLUENTES DO RIO PARANÁ NO BRASIL | |
|---|---|
| **Margem esquerda** | **Margem direita** |
| Rio Tietê – SP | Rio Sucuriú – MS |
| Rio Paranapanema – SP-PR | Rio Verde – MS |
| Rio Ivaí e Rio Iguaçu – PR | Rio Pardo – MS |

O rio Paraná e seus principais afluentes são rios de planalto, com muitas cachoeiras ou quedas-d'água. São rios pouco navegáveis, mas com grande capacidade geradora de eletricidade.

As maiores usinas hidrelétricas do rio Paraná são a binacional de Itaipu e o Complexo de Urubupungá (Jupiá e Ilha Solteira).

Navegável apenas em parte, o rio Paraná tem como principais portos o de Panorama e o de Presidente Epitácio, ambos no estado de São Paulo.

Na bacia do rio da Prata, além do rio Paraná, existem ainda os rios Paraguai e Uruguai. Depois de separar o território argentino das terras do Brasil e do Uruguai, o rio Uruguai deságua também no estuário do Prata.

*Usina hidrelétrica* – gera eletricidade a partir da energia mecânica da força das águas em movimento.

**7.** Compare o mapa a seguir com o mapa "Brasil - Destaques hidrográficos" (no Miniatlas) e complete as frases.

**Brasil - Bacias hidrográficas**

Fonte: *Anuário estatístico do Brasil*. Rio de Janeiro: IBGE, 1999.

a) O rio Paraná é a fronteira natural que separa o estado do _____ dos estados de _____ e _____.

Hidrelétrica de Itaipu, fronteira Brasil-Paraguai.

b) Esse grande rio brasileiro é também a fronteira que separa o Brasil do _____, no trecho onde estão localizadas a Ponte da Amizade e a usina binacional de _____, segunda maior hidrelétrica do mundo.

c) Após deixar o território brasileiro, o rio Paraná serve de fronteira entre o Paraguai e a _____ e, depois de banhar boa parte do território argentino, deságua no estuário do Prata, junto à foz do rio _____.

d) Navegável apenas em parte, o rio Paraná tem como principais portos o de Panorama e o de Presidente Epitácio, ambos no estado de _____.

e) Na bacia do Prata, além do rio Paraná, existem ainda os rios _____ e _____.

f) Depois de separar o território _____ das terras do Brasil e do _____, o rio Uruguai deságua também no estuário do _____.

**8.** Complete com o que se pede.

a) Três grandes rios que, com seus afluentes, formam a bacia Platina: _____, _____ e _____.

b) O rio que drena o Pantanal Mato-Grossense:

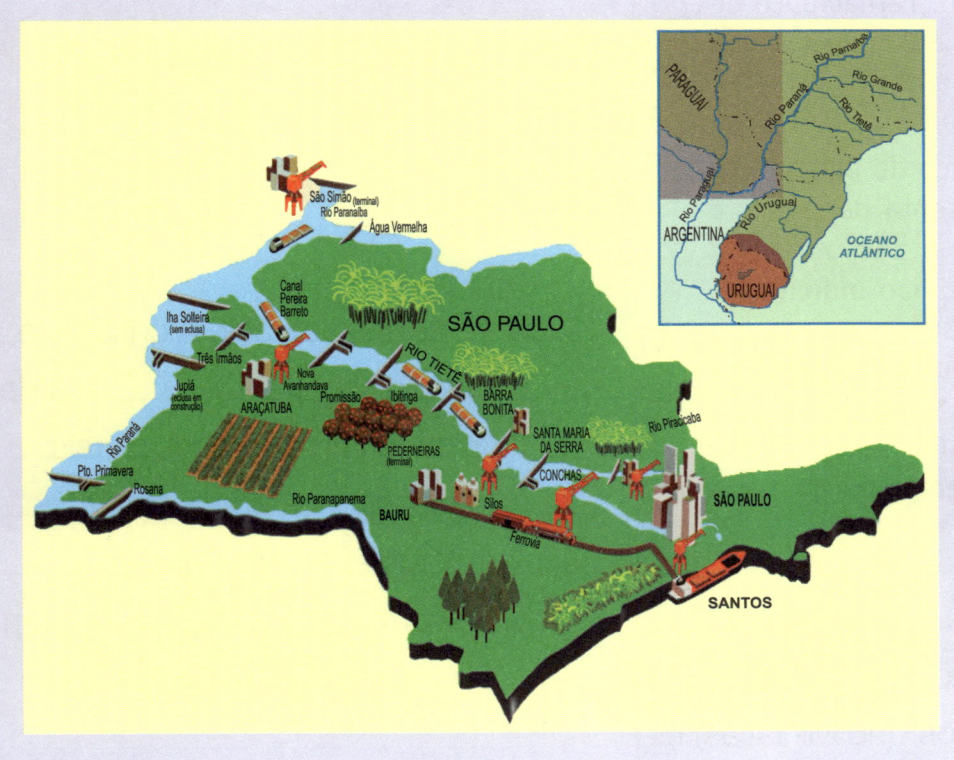

A instalação de hidrelétricas e hidrovias implica a construção de gigantescos lagos que inundam florestas, além de desapropriar moradores de cidades e de comunidades tradicionais de indígenas e quilombolas.

c) Rio que abastece a represa e a hidrelétrica de Itaipu: _____.

**A bacia do São Francisco**

A bacia do São Francisco é a mais importante bacia fluvial inteiramente brasileira, pois se encontra totalmente dentro do nosso território.

Ela se estende pelos estados de Minas Gerais, Goiás, Bahia, Pernambuco, Alagoas e Sergipe e, ainda, pelo Distrito Federal.

Sua área é de 645.067 km², mais de 7% do território brasileiro.

O rio São Francisco nasce na serra da Canastra, em Minas Gerais, e se desloca na direção norte-nordeste, atravessando todo o estado da Bahia. É a fronteira natural que separa o estado da Bahia do estado de Pernambuco; Pernambuco de Alagoas e Alagoas de Sergipe. Deságua no oceano Atlântico, entre Alagoas e Sergipe, e sua extensão é de 2.700 km.

Por ser um rio típico de planalto, o São Francisco apresenta barragens e cachoeiras bem aproveitadas na produção de eletricidade. São hidrelétricas do rio São Francisco as usinas de Paulo Afonso e Sobradinho, na Bahia; a de Três Marias, em Minas Gerais; a de Xingó, na divisa de Alagoas e Sergipe; a de Itaparica, em Pernambuco; e a de Moxotó, em Alagoas.

**9.** Observe o mapa "Brasil - Destaques hidrográficos" (no Miniatlas) e complete as frases a seguir.

a) O rio São Francisco nasce na Serra da Canastra, em _____, e se desloca na direção norte-nordeste, atravessando todo o estado da _____. É a fronteira natural que separa o estado da Bahia do estado de _____, Pernambuco de Alagoas e Alagoas de _____.

b) O rio São Francisco deságua no _____, entre _____ e _____, e sua extensão é de 2.700 km.

c) Por ser um rio típico de planalto, o São Francisco apresenta barragens e cachoeiras hoje bem aproveitadas na produção de _____.

d) As usinas de Paulo Afonso e de Sobradinho, na _____; a de Três Marias, em Minas Gerais; a de Xingó, na divisa de _____ e Sergipe; a de Itaparica, em Pernambuco; e a de Moxotó, em Alagoas, são hidrelétricas do rio _____.

**10.** Pesquise em livros e na internet, consulte os mapas e os textos sobre hidrografia e complete o quadro a seguir.

| Usina hidrelétrica | Rio |
|---|---|
| Cachoeira Dourada | |
| Tucuruí | |
| Furnas | |
| Paulo Afonso | |
| São Simão | |
| Sobradinho | |
| Urubupungá | |
| Itaipu | |
| Castelo Branco | |
| Três Marias | |
| Boa Esperança | |
| Balbina | |
| Xingó | |

Apesar de ser um rio de planalto, o São Francisco é navegável em boa parte do seu curso, principalmente no trecho que se estende de Pirapora (MG) até as cidades de Juazeiro (BA) e Petrolina (PE).

Rio São Francisco às margens da cidade de Petrolina, Pernambuco.

| PRINCIPAIS AFLUENTES DO RIO SÃO FRANCISCO ||
|---|---|
| Margem esquerda | Margem direita |
| Rio Indaiá – MG | Rio Paraopeba – MG |
| Rio Abaeté – MG | Rio das Velhas – MG |
| Rio Paracatu – MG | Rio Verde Grande – MG |
| Rio Carinhanha – BA | Rio Verde Pequeno – BA–MG |
| Rio Grande – BA | Rio Paramirim – BA |

O "Velho Chico" banha grande parte do estado de Minas Gerais. Apesar de todos os benefícios que o rio proporciona com o potencial hidrelétrico, com a navegação e com a irrigação, existem riscos ambientais causados pela expansão demográfica e econômica.

A indústria, a mineração e a agricultura são as principais emissoras de poluentes em suas águas. Entre as substâncias poluidoras estão os minerais, derivados de petróleo, mercúrio, chumbo – descarregados pelas indústrias e atividades de mineração –, fertilizantes, pesticidas e herbicidas – utilizados pela agricultura e arrastados pelas chuvas para os rios.

**11.** Complete as frases a seguir.

a) O rio São Francisco nasce na região _____ e deságua na região _____.

b) O rio São Francisco atravessa dois grandes estados, _____ e _____.

c) Dos rios nacionais (situados totalmente dentro do território brasileiro), o rio _____ é o maior.

---

**As bacias secundárias**

As bacias secundárias no Brasil são a do Nordeste, a do Leste e a do Sudeste.

Na **bacia do Nordeste**, destacam-se os rios:
- Itapecuru, Mearim e Pindaré, no Maranhão;
- Parnaíba, entre o Maranhão e o Piauí, onde se encontra a hidrelétrica de Boa Esperança;
- Jaguaribe, no Ceará;
- Piranhas e Mossoró, no Rio Grande do Norte;
- Paraíba e Mamanguape, na Paraíba;
- Capibaribe e Ipojuca, em Pernambuco.

A cidade do Recife, capital do estado de Pernambuco, é banhada pelos rios Capibaribe e Beberibe.

Na **bacia do Leste**, destacam-se os seguintes rios:
- Vaza-Barris, em Sergipe e na Bahia;
- Paraguaçu e das Contas, na Bahia;
- Jequitinhonha, em Minas Gerais e na Bahia;
- São Mateus e Doce, em Minas Gerais e no Espírito Santo;
- Paraíba do Sul, em São Paulo e no Rio de Janeiro.

A **bacia do Sudeste** estende-se de São Paulo ao Rio Grande do Sul. Seus principais rios são:
- Ribeira de Iguape, em São Paulo e no Paraná;
- Itajaí e Tubarão, em Santa Catarina;
- Camaquã e Jacuí, no Rio Grande do Sul.

O famoso "rio" Guaíba, da cidade de Porto Alegre, é um acidente geográfico que deve ser definido como **lago**, e não como rio, de acordo com novos estudos realizados por geógrafos, inclusive da região.

---

**12.** Consulte o texto e o mapa "Brasil - Destaques hidrográficos" para dar a localização dos seguintes rios:

Mearim – 

Parnaíba – 

Jaguaribe – 

Jequitinhonha – 

Doce – 

Paraíba do Sul – 

Jacuí –

## 4. Os climas

No Brasil, predominam os climas quentes. É o Brasil tropical, que se estende das imediações da linha do Equador até o Trópico de Capricórnio. Somente parte da região Sul apresenta um clima mais frio, o subtropical.

As variedades brasileiras possibilitam diversos tipos de vegetação, como na Reserva Amana, à esquerda, no Amazonas, e na vegetação de caatinga, à direita, em Cabaceiras, na Paraíba.

Os tipos de clima que podem ser encontrados no Brasil são o equatorial, o tropical, o tropical semiárido, o tropical de altitude e o subtropical.

| TIPOS DE CLIMA | PRINCIPAIS CARACTERÍSTICAS |
|---|---|
| Equatorial | As temperaturas médias anuais são superiores a 25 °C, e o regime de chuvas pode variar em áreas que apresentam o clima equatorial. |
| Tropical | As temperaturas médias anuais são sempre superiores a 18 °C, e as estações do ano são definidas por uma seca e outra chuvosa. No Brasil, podemos encontrar variações do clima tropical determinadas por elementos como a umidade do ar ou a altitude (tropical, semiárido e tropical de altitude). |
| Subtropical | As temperaturas médias anuais são normalmente inferiores a 20 °C. As diferenças de temperatura ao longo do ano são bem grandes. Na primavera e no verão, são quentes, e no outono e no inverno são bem mais frias. |

## As massas de ar no Brasil

O comportamento médio da atmosfera brasileira é consequência dos avanços e dos recuos de, principalmente, três massas de ar: a equatorial, a tropical atlântica e a polar atlântica.

A **equatorial** é a massa de ar quente e úmido que domina a região Norte, boa parte da região Centro-Oeste e parte da região Nordeste.

A **tropical atlântica** é uma massa de ar quente e úmido que avança pelo território brasileiro. Ela influencia, de maneira dominante, o comportamento atmosférico das regiões Nordeste, Sudeste e Sul. Tem origem oceânica.

A **polar atlântica**, chamada também de polar antártica, é a massa de ar frio que determina, durante o inverno, o estado de tempo ou comportamento atmosférico na região Sul. Os avanços da polar atlântica provocam ondas de frio nas regiões Sul, Sudeste e Centro-Oeste. Essas ondas de frio são acompanhadas, muitas vezes, por chuvas prolongadas ou garoas, geadas e até por quedas de neve. Até mesmo a Amazônia é atingida por esses avanços da massa de ar polar atlântica durante o inverno. É o fenômeno da "friagem", que ocorre no sul do Amazonas e no norte de Mato Grosso.

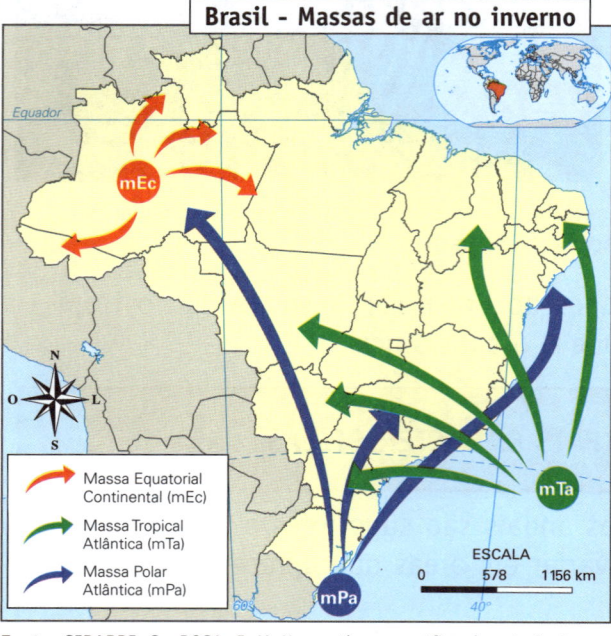

**Brasil - Massas de ar no inverno**

**Fonte:** GIRARDI, G.; ROSA, J. V. *Novo atlas geográfico do estudante*. São Paulo: FTD, 2005. p. 25.

**Brasil - Massas de ar no verão**

**Fonte:** GIRARDI, G.; ROSA, J. V. *Novo atlas geográfico do estudante*. São Paulo: FTD, 2005. p. 25.

**1.** Responda às questões a seguir.

a) Nos lugares mais altos da região Sul, nas áreas serranas, pode ocorrer queda de neve. Explique quando e por que isso acontece.

b) O Brasil está sob a influência de várias massas de ar, que durante os 12 meses do ano acompanham o movimento aparente do Sol. Cite aquelas que têm maior atuação.

c) Quais são os efeitos climáticos gerais do deslocamento das massas de ar?

**2.** Assinale a alternativa correta.

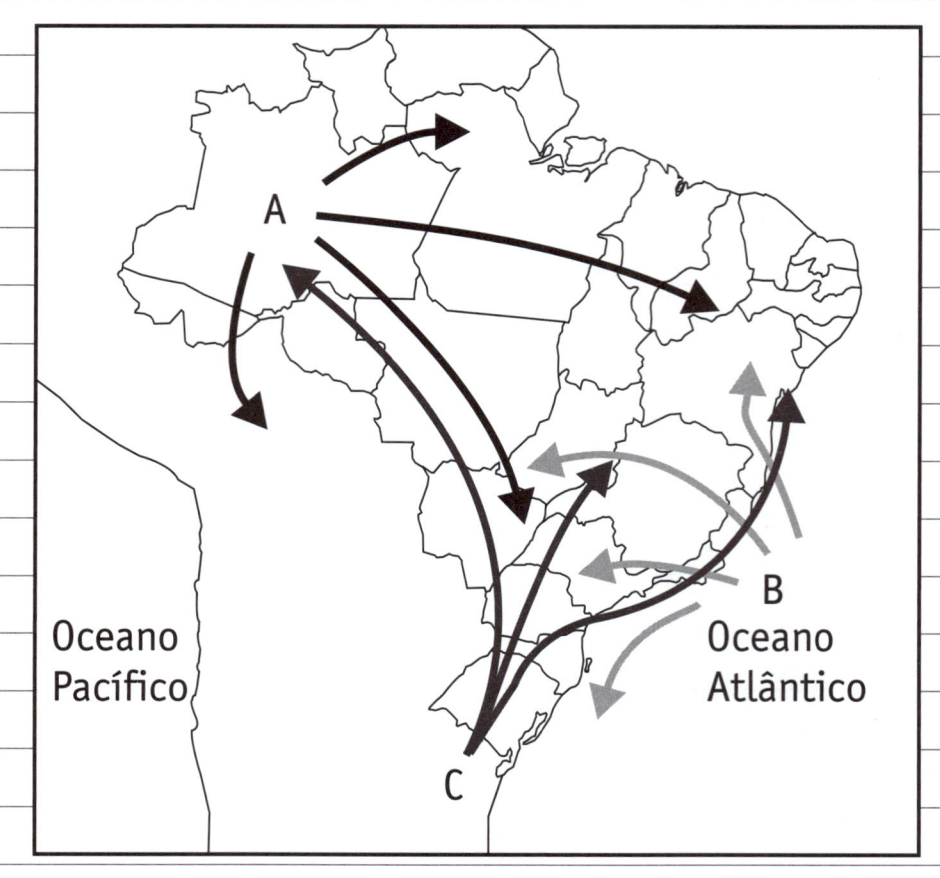

- No mapa, as letras A, B e C indicam as posições e as trajetórias das principais massas de ar que atuam no Brasil. São, respectivamente:

a) Polar atlântica, polar pacífica e equatorial continental.
b) Tropical atlântica, equatorial continental e tropical continental.
c) Equatorial continental, polar atlântica e polar ártica.
d) Equatorial continental, tropical atlântica e polar atlântica.
e) Tropical atlântica, tropical continental e polar atlântica.

- As porções ocidentais do território brasileiro, em termos de clima, sofrem a maior intervenção da massa de ar:

a) Equatorial continental (Ec).
b) Equatorial atlântica (Ea).
c) Tropical continental (Tc).
d) Tropical atlântica (Ta).

- A "friagem" consiste na queda brusca da temperatura, na região amazônica. Sobre ela, pode-se afirmar que:

I – O relevo baixo, de planície, facilita a incursão de massas de ar frio que atingem a Amazônia.

II – A massa de ar responsável pela ocorrência de friagem é a tropical atlântica.

III – A friagem ocorre no inverno.

De acordo com as afirmativas anteriores, assinale:

a) Apenas I está correta.

b) I e II estão corretas.

c) II e III estão corretas.

d) I e III estão corretas.

e) Todas estão corretas.

**3.** Observe o mapa a seguir e complete.

**Brasil - Clima**

Legenda:
- Equatorial úmido
- Equatorial subúmido
- Semiárido
- Tropical
- Tropical de altitude
- Subtropical

**Fonte:** *Atlas Geográfico Escolar*. Rio de Janeiro: IBGE, 2009.

a) No Brasil, quanto à temperatura, predominam os climas quentes. É o Brasil tropical, que se estende das imediações do _____ até o Trópico de _____.

b) Somente a região Sul, que escapa do chamado Brasil tropical, e não por completo, tem clima do tipo _____.

c) Na paisagem do Brasil tropical, apenas os microclimas das áreas culminantes, como as cidades de veraneio, não são propriamente quentes, mas também não chegam a ser _____.

**Microclimas** – *climas locais.*

d) Esses microclimas, como o de Campos do Jordão (SP), bem como o de quase toda a região Sudeste, devem ser classificados como _____.

e) Quanto à umidade, em nosso território, existe variedade climática, mas predominam os climas _____.

f) O maior contraste de umidade no clima brasileiro é a grande diferença existente entre o clima úmido da _____ e o clima semiárido do sertão do _____.

g) Em geral, o clima brasileiro apresenta-se:

- _____ na Amazônia e nas encostas montanhosas das serras do Mar e da Mantiqueira;

- úmido na Zona da Mata do Nordeste, nas zonas _____ e nas imediações dos grandes rios;

- subúmido na Amazônia e na região Centro-_____;

- _____ no sertão do Nordeste, ao longo de todo o nosso _____ das Secas.

**4.** Faça a correspondência entre as regiões brasileiras e os climas que nelas predominam.

S – região Sul
N – região Norte
SE – região Sudeste
NE – região Nordeste
CO – região Centro-Oeste

(     ) Clima tropical.
(     ) Clima equatorial.
(     ) Clima tropical e subúmido.
(     ) Clima tropical semiárido e tropical.
(     ) Clima tropical e tropical de altitude.
(     ) Clima subtropical.

**5.** Destaque uma característica de cada tipo de clima. Se achar adequado, pesquise em livros ou na internet.

a) Equatorial:

b) Tropical:

c) Semiárido:

d) Tropical de altitude:

e) Subtropical:

**6.** Identifique o tipo de clima predominante nas seguintes regiões ou estados:

a) Sul de Minas Gerais –

b) Rio Grande do Sul –

c) Goiás –

d) Amazonas –

e) Rio Grande do Norte –

f) Norte de Roraima –

**7.** Quais são os principais fatores responsáveis pelos tipos de clima no território brasileiro?

> Dica: consulte o mapa das massas de ar.

# 5. Os domínios naturais

A vegetação recebe muita influência dos climas e também exerce muita influência sobre eles, formando um ciclo em que outros elementos também se destacam: as chuvas e a umidade, a insolação, a temperatura e os ventos. Há ainda outros fatores que são importantes na fisionomia das paisagens vegetais, como o solo e a presença do homem ou de outros animais.

**Os tipos de vegetação**

A vegetação brasileira é bem diversificada. Em nosso território encontramos:

- **Florestas**

A **floresta Amazônica** estende-se pela região Norte, pelo estado de Mato Grosso, pelo norte de Goiás e pelo oeste do Maranhão. É a maior floresta úmida do Brasil e representa, sozinha, quase 47% de toda a cobertura vegetal brasileira.

Outra importante floresta úmida no Brasil é a **Mata Atlântica**, também conhecida como **floresta Tropical Atlântica**. Ela estende-se pela maior parte do litoral do Nordeste, Sudeste e Sul.

Na região Sul, encontra-se uma importante floresta do tipo subtropical – a **Mata dos Pinhais** ou de **Araucárias**, que já foi explorada e reflorestada. Ela estende-se por toda a região Sul, principalmente pelos estados do Paraná e de Santa Catarina.

Há também a **Mata dos Cocais**, formada pelas palmeiras de babaçu e carnaúba, no trecho úmido ocidental do Nordeste; e as **matas galerias** ou **ciliares**, pequenas formações florestais situadas ao longo dos vales fluviais, onde existe maior umidade.

- **Vegetações arbustivas**

A paisagem brasileira que melhor se define como vegetação arbustiva é a dos **cerrados**, que são aqueles capões de mata que caracterizam a maior parte da região Centro-Oeste e aparecem também em parte da região Sudeste (Minas Gerais e São Paulo).

A paisagem da **caatinga** estende-se de maneira contínua pelo interior dos estados nordestinos, desde o Piauí até a Bahia, alcançando o trecho semiárido do norte de Minas Gerais. Essa vegetação é própria do sertão do Nordeste, onde predominam os climas quentes, como o tropical e o semiárido.

As paisagens de **pradarias** ou **campos** são formações compostas de gramíneas, onde árvores e arbustos só aparecem isoladamente. São pastagens naturais muito aproveitadas para a criação de gado. Ocorrem principalmente no Rio Grande do Sul e na Campanha Gaúcha.

**O complexo do Pantanal Mato-Grossense** estende-se pelo sudoeste de Mato Grosso e pelo oeste do Mato Grosso do Sul até o Paraguai. Ali existe grande variedade de espécies animais e vegetais, ameaçadas pela contaminação por agrotóxicos, pela presença de garimpos irregulares, pela caça e pesca predatórias e pela excessiva exploração da pecuária. O Pantanal Mato-Grossense é considerado um dos mais ricos e frágeis ecossistemas do planeta.

A vegetação de **mangue** se desenvolve principalmente no litoral do Amapá, do Pará, do Maranhão, do Ceará, da Bahia e do Rio de Janeiro. É composta de arbustos e espécies arbóreas. Por ser rico em matéria orgânica, o mangue tem um papel muito importante na reprodução e no abrigo de espécies da fauna marinha.

**Brasil - Domínios naturais**

**Domínios**
- Amazônia — Terras baixas com florestas equatoriais
- Cerrado — Chapadão tropical interior com cerrados e florestas-galerias
- Mata Atlântica — Áreas mamelonares tropicais-atlânticas florestais
- Caatinga — Depressões intermontanas e interplanálticas semiáridas
- Araucária — Planaltos subtropicais com araucárias
- Pradarias — Coxilhas subtropicais com pradarias mistas

**Faixas de transição**
- Transição não diferenciada

Fonte: *Atlas Geográfico Escolar*. Rio de Janeiro: IBGE, 2009.

**1.** Observe o mapa acima e faça a correspondência entre a região brasileira e o tipo de vegetação predominante.

| | |
|---|---|
| N – região Norte | (   ) Floresta Amazônica |
| NE – região Nordeste | (   ) Mata Atlântica |
| CO – região Centro-Oeste | (   ) Mata de Araucárias |
| S – região Sul | (   ) Cerrado |
| SE – região Sudeste | (   ) Caatinga |

**2.** Complete as frases com os tipos de vegetação que se destacam.

a) Na região Sul –

b) Na região Nordeste –

c) Na região Sudeste –

d) Na região Norte –

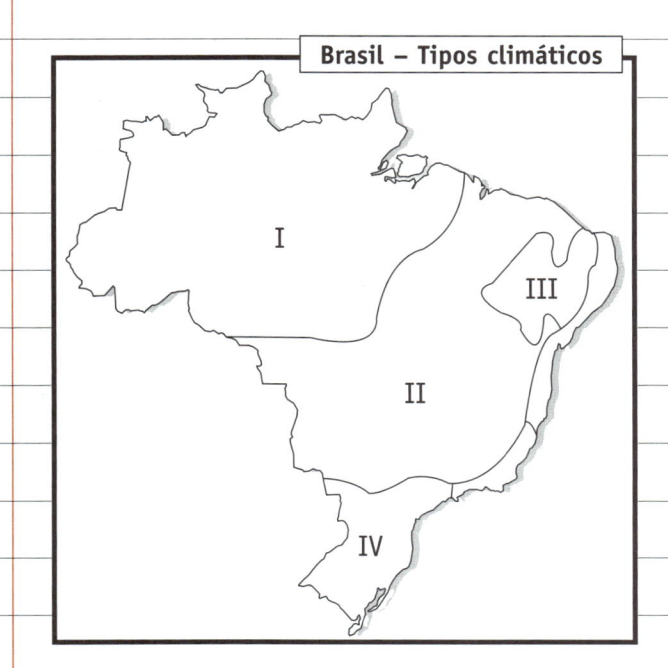

e) Na região Centro-Oeste –

f) Ao longo de quase todo o litoral brasileiro estende-se a

**3.** Associe as paisagens de números 1, 2, 3 e 4 com os algarismos romanos do mapa a seguir.

1:         3:
2:         4:

Brasil – Tipos climáticos

1

Cactáceas.

Paisagem aérea (AM).

Parque Nacional das Emas (GO).

Araucárias.

**4.** Observe o mapa ao lado e escolha três ecorregiões do Brasil.

- Localize quais estados brasileiros são caracterizados pelas ecorregiões escolhidas.

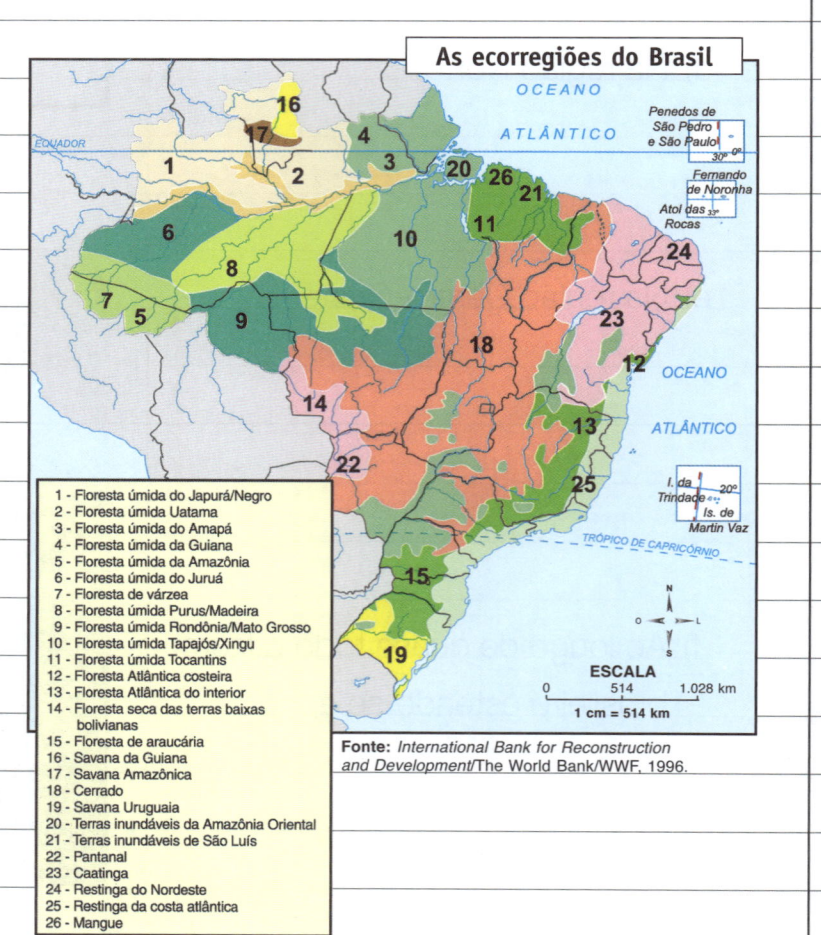

**As ecorregiões do Brasil**

1 - Floresta úmida do Japurá/Negro
2 - Floresta úmida Uatama
3 - Floresta úmida do Amapá
4 - Floresta úmida da Guiana
5 - Floresta úmida da Amazônia
6 - Floresta úmida do Juruá
7 - Floresta de várzea
8 - Floresta úmida Purus/Madeira
9 - Floresta úmida Rondônia/Mato Grosso
10 - Floresta úmida Tapajós/Xingu
11 - Floresta úmida Tocantins
12 - Floresta Atlântica costeira
13 - Floresta Atlântica do interior
14 - Floresta seca das terras baixas bolivianas
15 - Floresta de araucária
16 - Savana da Guiana
17 - Savana Amazônica
18 - Cerrado
19 - Savana Uruguaia
20 - Terras inundáveis da Amazônia Oriental
21 - Terras inundáveis de São Luís
22 - Pantanal
23 - Caatinga
24 - Restinga do Nordeste
25 - Restinga da costa atlântica
26 - Mangue

**Fonte:** *International Bank for Reconstruction and Development*/The World Bank/WWF, 1996.

**5.** O desenho a seguir mostra uma sucessão ecológica, apresentando as mudanças bióticas num ecossistema.

**Bióticas** – *relativas ao conjunto dos seres vivos de uma área.*

1º estágio: predomínio de gramíneas. Duração: 10 anos.

2º estágio: predomínio de arbustos. Duração: 15 anos.

3º estágio: predomínio de coníferas (pinheiros). Duração: 75 anos.

Estágio clímax: predomínio de grandes árvores (floresta temperada decídua). Duração: após 100 anos do início da sucessão.

a) Observe-o com atenção. Em que estágio se classifica a paisagem vegetal da sua cidade?

Dica: você pode observar a paisagem vegetal de sua cidade *in loco* ou pelo mapa.

b) Explique quais medidas seriam necessárias e calcule quanto tempo levaria a recriação dessa biodiversidade caso ela sofresse ameaça.

## POPULAÇÃO BRASILEIRA

## 6. A evolução da nossa população

O número total de habitantes de um espaço geográfico (continente ou país, região ou estado, município ou cidade) é a sua **população absoluta**.

O cálculo da população absoluta pode ser feito de duas maneiras: por recenseamento ou por estimativa.

O recenseamento é a contagem direta dos habitantes ou moradores. É realizado de casa em casa, de dez em dez anos.

*Estimativa* – avaliação, previsão.

Para fazer uma estimativa, somamos a população do ano anterior com o número de nascimentos e o número de imigrantes que entraram para a população. Do resultado dessa soma, subtraímos o número de óbitos e o número de emigrantes que saíram da população.

**Estimativa = PA + NN + NI − NO − NE**

PA = população absoluta anterior
NN = número de nascimentos
NI = número de imigrantes
NO = número de óbitos
NE = número de emigrantes

Já temos estimativas da população brasileira até o ano 2030: aproximadamente 208 milhões de habitantes, época na qual, segundo estimativas, o Brasil vai atingir 0% de crescimento natural com tendência à diminuição da população nos anos seguintes. vegetativo e do nosso saldo migratório.

A evolução da população brasileira é consequência direta do nosso crescimento natural ou vegetativo e do nosso saldo migratório.

O crescimento natural ou vegetativo, como já sabemos, é a diferença entre os números de natalidade e de mortalidade. Ele é o principal fator no crescimento da nossa população.

**1.** Analise os gráficos e complete as frases a seguir.

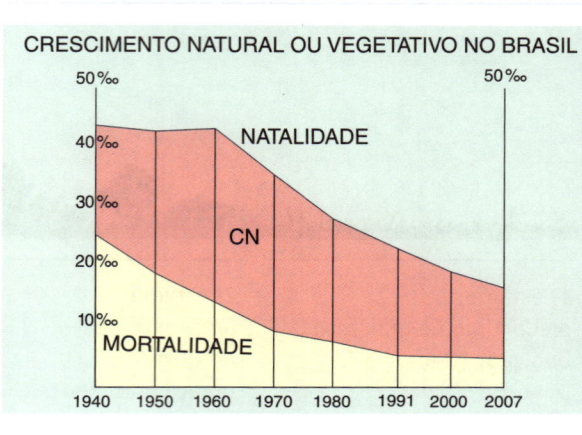

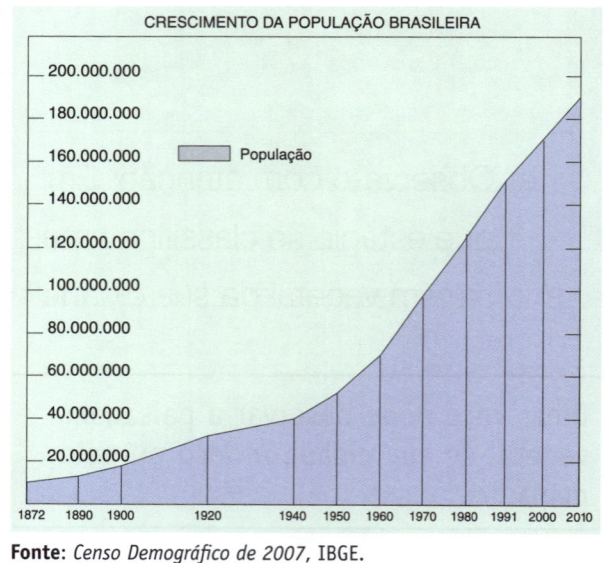

**Fonte:** *Censo Demográfico de 2007*, IBGE.

a) Por volta de 1940, a natalidade brasileira era de ____ ‰, a mortalidade era de ____ ‰ e o crescimento natural ou

vegetativo, de 18,7‰, ou          %. A população brasileira era próxima a 40 milhões de
                    (segundo o gráfico).

b) Passados mais de 140 anos, estamos, aproximadamente, com         ‰ de natalidade,          de mortalidade e          ou 1,08%, de crescimento natural ou          . A nossa população absoluta já é superior a 190 milhões de habitantes (2010).

c) Com essa população absoluta, o Brasil é o quinto país mais populoso no globo, sendo superado por China, Índia,          e Indonésia.

> O aumento do nosso crescimento natural ou vegetativo ocorreu não pelo aumento da natalidade, mas pela rápida redução da mortalidade, graças aos novos recursos da medicina preventiva (que previne ou procura evitar doenças por meio do uso de vacinas e outros recursos).
>
> O saldo migratório também contribuiu bastante para o crescimento da nossa população até 1940. E não podemos nos esquecer de que os filhos de imigrantes já nascidos no Brasil são contados como crescimento natural ou vegetativo.

**2.** Observe a tabela a seguir e complete as frases.

| POPULAÇÃO BRASILEIRA SEGUNDO OS RECENSEAMENTOS E ESTIMATIVAS (em milhões de habitantes) ||
|---|---|
| 1872 = 9.930 | 1970 = 93.139 |
| 1890 = 14.333 | 1980 = 119.003 |
| 1900 = 17.438 | 1991 = 146.825 |
| 1920 = 30.635 | 1996 = 157.070 |
| 1940 = 41.236 | 2000 = 169.799 |
| 1950 = 51.944 | 2010 = 193.252 |
| 1960 = 70.191 | |
| Ano 2040 = 219 (com tendência à diminuição) ||

**Fonte:** *Population Projection of Brazil*, IBGE, 2008.

a) O período em que a imigração ou o saldo          mais contribuiu para o crescimento da nossa população, representando quase um terço do aumento total, foi o de 1891 a 1900.

b) Nessa última década do século          , o imigrante mais numeroso era o de origem italiana.

**3.** Interprete o gráfico da taxa de natalidade no Brasil.

**TAXA DE NATALIDADE**
Número de nascimentos por mil habitantes

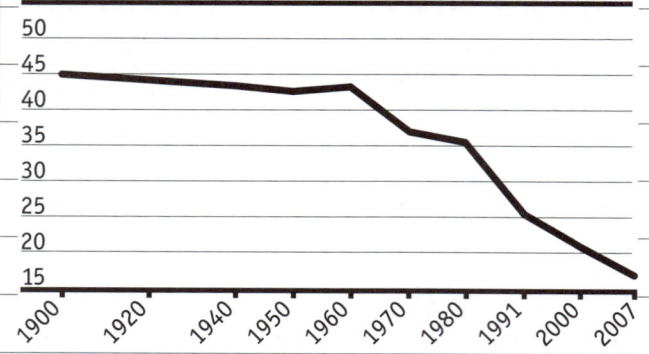

[Gráfico: linha decrescente de aproximadamente 45 em 1900 até cerca de 15 em 2007, com eixo y de 15 a 50 e eixo x com anos 1900, 1920, 1940, 1950, 1960, 1970, 1980, 1991, 2000, 2007]

**Fonte:** *Séries Estatísticas*. IBGE, 2010.

Por meio dele, fica-se sabendo que no Brasil:

a) A população cresce numa progressão geométrica e a alimentação numa progressão aritmética.

b) A queda da taxa de mortalidade está em declínio.

c) A taxa de natalidade vem declinando continuamente, porém o ritmo desse declínio teve aceleração a partir da década de 1960.

d) Há uma discrepância entre o crescimento populacional e o crescimento de recursos suficientes.

e) Há aumento do crescimento vegetativo a partir de 1960.

**4.** Explique a diferença entre o crescimento demográfico e o crescimento vegetativo da população brasileira.

**5.** Pesquise em livros e na internet e relacione em ordem numérica, da maior para a menor, as cinco maiores populações mundiais.

**6.** Imagine que um país A apresente os seguintes dados em determinado ano:

- número de habitantes = 18.000.000
- número de nascimentos durante o ano = 400.000 crianças

Calcule a taxa de natalidade.

Dica: lembre a fórmula:

$$\frac{\text{nascimentos por ano} \times 1.000}{\text{população total}} = \text{taxa de natalidade}$$

# 7. A distribuição da população

O Brasil é o quinto país mais populoso do mundo e o segundo mais populoso do continente americano, superado apenas pelos Estados Unidos.

Os estados mais populosos do Brasil são: São Paulo, Minas Gerais, Rio de Janeiro, Bahia, Rio Grande do Sul, Paraná, Pernambuco, Ceará, Pará e Maranhão. Nesses estados estão concentrados mais de três quartos da população brasileira.

As Unidades da Federação mais densamente povoadas no Brasil são o Distrito Federal, o estado do Rio de Janeiro e o estado de São Paulo.

Mais de 84% da população brasileira mora nas zonas urbanas, isto é, nas cidades; menos de 16% mora na zona rural, ou seja, no campo.

**Evolução das populações rural e urbana no Brasil**

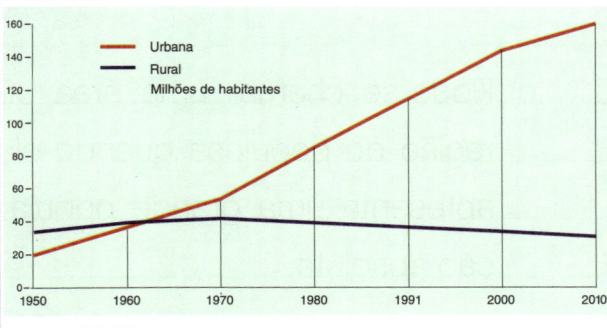

**Fonte:** IBGE, 2010.

Quando dividimos a população absoluta (número total de habitantes) de um espaço pela área (quilômetros quadrados) desse mesmo espaço, temos como resultado o nº hab./km² (número de habitantes por quilômetro quadrado). Esse nº hab./km² é a **população relativa** ou **densidade demográfica**.

Sabendo que no Brasil, com 8.514.215,3 km² de área, existe uma população absoluta de 190.755.799 (2010), temos:

$$\frac{190.755.799 \text{ hab.}}{8.514.215,3 \text{ km}^2} = 22,4 \text{ hab./km}^2$$

Com essa operação, concluímos que a população relativa ou densidade demográfica do Brasil é de 22,4 hab./km².

**1.** Sobre a população, a alternativa verdadeira é:

a) Densidade demográfica é a divisão da população relativa pela área do local.

b) A população relativa é o número total de habitantes de um local.

c) Pode-se chamar uma área ou região de populosa quando ela apresenta uma grande população absoluta.

d) As áreas onde a população absoluta é grande são chamadas de áreas de grande concentração populacional.

e) As áreas anecumênicas são aquelas de grande concentração populacional. Geralmente são áreas urbanas, de expressiva concentração industrial.

**2.** Observe o gráfico que mostra a evolução da população no Brasil e responda.

a) Quando o Brasil deixou de ter uma população rural maior que a população urbana?

b) Da leitura do gráfico na página anterior, é possível afirmar SOMENTE que:

I. Desde a década de 1940, as regiões Sudeste e Sul foram as que mais se urbanizaram.

II. A partir da década de 1950, a urbanização realizou-se com a mesma intensidade em todo o país.

III. A partir da década de 1960, a população urbana ultrapassou a rural.

**3.** Observe o mapa da densidade demográfica brasileira e faça o que se pede.

**Brasil - Densidade demográfica**

Habitantes por km²
- Menos de 1
- 1 a 5
- 5,1 a 20
- 20,1 a 50
- 50,1 a 100
- 100,1 a 250
- Acima de 250

Fonte: IBGE, Censo Demográfico, 2010.

a) Relacione o número de habitantes por km², da legenda, com a situação de povoamento das áreas no mapa.

☐ mais povoada

☐ menos povoada

b) A distribuição da população no espaço geográfico brasileiro, como nos demais países, é bastante irregular. A densidade demográfica média é de 22,4 hab./km$^2$, com diferenças bem acentuadas.

A visão global que se tem, ao longo do nosso território, é a do "vazio" demográfico muito extenso e, por vezes, parecido com um "deserto humano". Escreva o nome da região brasileira que mais se parece com um deserto humano e identifique a densidade demográfica da maior parte de seu território.

c) A monotonia da grande paisagem sem gente é quebrada por "manchas" de povoamento ora menores, ora maiores, que se estendem de maneira irregular ou bastante descontínua. Localize as manchas de maior povoamento na região Norte e descubra que cidades são.

d) A região Norte é a menos povoada, com pouco mais de 8% da nossa população em seu imenso território.
Identifique o elemento da paisagem natural que demonstra esse "vazio" demográfico.

e) De maneira geral, as maiores concentrações humanas formam "manchas" de povoamento alinhadas ao longo da orla _____ e, principalmente, nas regiões _____ , _____ e _____ .

**4.** O estudo da distribuição regional da população no Brasil mostra que a região Sudeste é a mais populosa e povoada, concentrando mais de 42% da população brasileira.
Identifique nela os três estados mais populosos e industrializados do país. Localize suas capitais.

**5.** Relacione os estados às suas características demográficas.

São Paulo •     • O menos populoso e povoado do Brasil.

Rio de Janeiro •     • O mais populoso do Brasil.

Roraima •     • O mais povoado do Brasil.

**6.** A região Centro-Oeste é, ainda hoje, pouco populosa e pouco povoada. Localize no mapa a área mais povoada dessa região e escreva seu nome.

**7.** Observe o mapa de densidade demográfica e complete:

a) O estado do _____ e o Distrito Federal, com densidades demográficas acima de 365 hab./km², são as Unidades da Federação mais _____ no Brasil.

b) Por outro lado, Amazonas e _____, que são as Unidades da Federação menos _____, são vazios demográficos que concentram menos de 3% dos brasileiros em mais de 21% do nosso território.

c) Mais de _____ dos brasileiros vivem nas zonas urbanas; menos de _____ vivem na zona rural. Represente essa distribuição num gráfico circular.

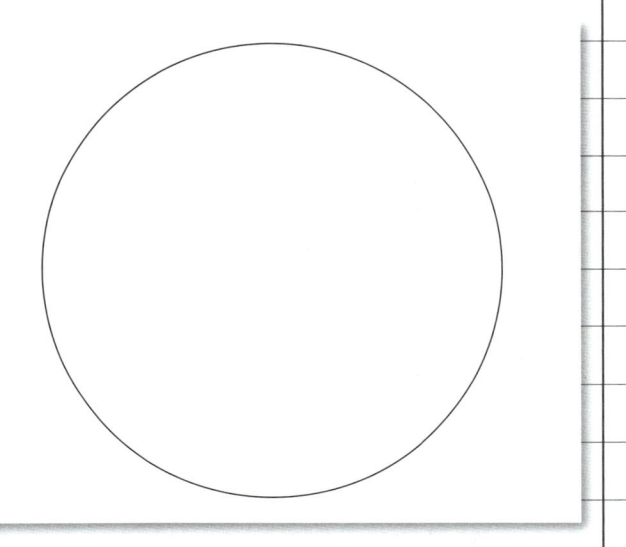

**8.** Calcule a área de sua sala de aula. Conte quantas pessoas estudam em sua classe (população). Depois faça o cálculo e descubra qual é a densidade demográfica da sua sala de aula.

**9.** Faça o mesmo cálculo, medindo a área de sua casa e contando as pessoas que moram com você.

Dica: não se esqueça de se incluir.

**10.** Localize sua cidade no mapa e identifique, pela legenda, em qual faixa de densidade demográfica ela se encontra.

## 8. As diferenças na nossa população

Quanto à idade, a população brasileira está dividida em três faixas etárias: a população **jovem**, com idade até 19 anos; a população adulta, com idade de 20 a 59 anos; e a população **idosa**, com idade igual ou superior a 60 anos.

**COMPOSIÇÃO ETÁRIA DA POPULAÇÃO BRASILEIRA**

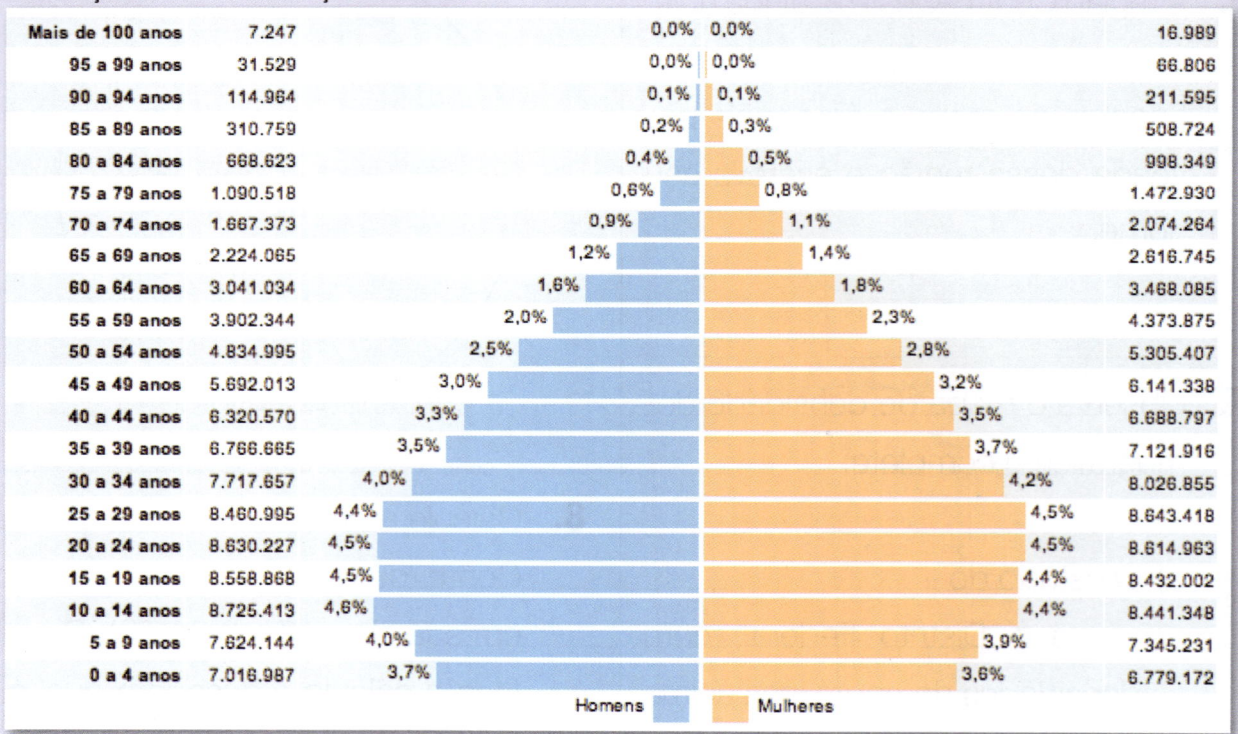

| Faixa etária | Homens | % Homens | % Mulheres | Mulheres |
|---|---|---|---|---|
| Mais de 100 anos | 7.247 | 0,0% | 0,0% | 16.989 |
| 95 a 99 anos | 31.529 | 0,0% | 0,0% | 66.806 |
| 90 a 94 anos | 114.964 | 0,1% | 0,1% | 211.595 |
| 85 a 89 anos | 310.759 | 0,2% | 0,3% | 508.724 |
| 80 a 84 anos | 668.623 | 0,4% | 0,5% | 998.349 |
| 75 a 79 anos | 1.090.518 | 0,6% | 0,8% | 1.472.930 |
| 70 a 74 anos | 1.667.373 | 0,9% | 1,1% | 2.074.264 |
| 65 a 69 anos | 2.224.065 | 1,2% | 1,4% | 2.616.745 |
| 60 a 64 anos | 3.041.034 | 1,6% | 1,8% | 3.468.085 |
| 55 a 59 anos | 3.902.344 | 2,0% | 2,3% | 4.373.875 |
| 50 a 54 anos | 4.834.995 | 2,5% | 2,8% | 5.305.407 |
| 45 a 49 anos | 5.692.013 | 3,0% | 3,2% | 6.141.338 |
| 40 a 44 anos | 6.320.570 | 3,3% | 3,5% | 6.688.797 |
| 35 a 39 anos | 6.766.665 | 3,5% | 3,7% | 7.121.916 |
| 30 a 34 anos | 7.717.657 | 4,0% | 4,2% | 8.026.855 |
| 25 a 29 anos | 8.460.995 | 4,4% | 4,5% | 8.643.418 |
| 20 a 24 anos | 8.630.227 | 4,5% | 4,5% | 8.614.963 |
| 15 a 19 anos | 8.558.868 | 4,5% | 4,4% | 8.432.002 |
| 10 a 14 anos | 8.725.413 | 4,6% | 4,4% | 8.441.348 |
| 5 a 9 anos | 7.624.144 | 4,0% | 3,9% | 7.345.231 |
| 0 a 4 anos | 7.016.987 | 3,7% | 3,6% | 6.779.172 |

Fonte: IBGE, 2010.

Falava-se, até a década de 1970, que o Brasil era um país de população jovem, porque essa faixa etária era numericamente maior do que a soma das outras duas faixas. Hoje, esse fato já não ocorre mais, pois o número da população adulta é maior do que o da população jovem. O aumento percentual das populações adulta e idosa significa que a longevidade média do brasileiro está aumentando, sendo, atualmente, da ordem de 68 anos – 64 anos para os homens e 72 anos para as mulheres.

A divisão etária, geralmente chamada pirâmide etária, está diretamente vinculada a um aspecto estrutural que é a evolução da população do Brasil.

**DIVISÃO ETÁRIA DA POPULAÇÃO BRASILEIRA**

| Faixa etária | Evolução (%) | |
|---|---|---|
| | 2000 | 2010 |
| 0 a 14 anos | 29,6 | 24,2 |
| 15 a 64 anos | 64,6 | 68,2 |
| 65 anos ou mais | 5,8 | 7,6 |

**Fonte:** IBGE, 2010.

Casal de idosos no Brasil.

**1.** Observe a pirâmide etária e a tabela com a divisão percentual da população brasileira por idade e complete as frases a seguir.

De cada 100 brasileiros,
  a) quase 25 estão com idade entre _____ e _____ anos;
  b) pouco mais de _____ estão com idade entre 15 e 64 anos;
  c) quase 8 estão com idade igual ou superior a _____ anos;

**2.** Com base na figura a seguir, que representa as pirâmides de população, podemos dizer que:

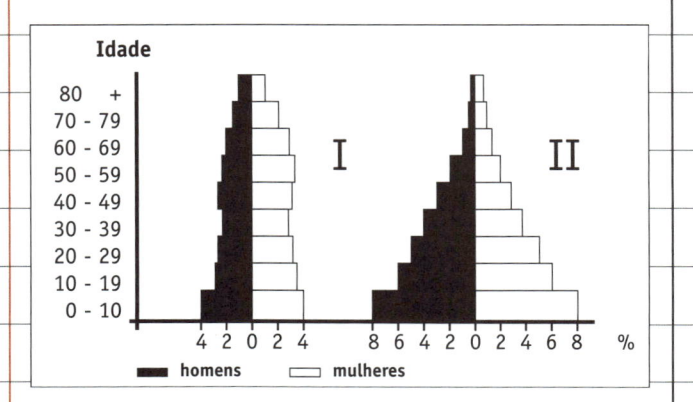

a) As pirâmides fornecem dados sobre sexo, idade e cor da população.

b) A pirâmide I é característica de país subdesenvolvido jovem e a II, de país desenvolvido velho.

c) A pirâmide I apresenta elevados índices de mortalidade infantil e a II, menores índices de mortalidade.

d) A pirâmide I demonstra superioridade numérica dos adultos e a II, a importância numérica dos jovens.

e) A pirâmide I demonstra que os idosos são mais numerosos que os adultos e a II, haver mais jovens que adultos.

**3.** A população do Brasil é:

a) Irregularmente distribuída, predominando etnicamente o branco e etariamente o adulto.

b) De elevado crescimento vegetativo, elevado nível cultural e com predominância étnica do negro.

c) De alto crescimento vegetativo, com predominância dos mestiços e elevado consumo de energia.

d) Regularmente distribuída, predominando os brancos e etariamente o jovem.

e) De grande crescimento vegetativo, etariamente jovem e com predominância do branco.

**4.** As figuras a seguir representam, de forma muito simplificada, duas pirâmides de idades. Mostre, resumidamente, os principais aspectos de cada uma e a que tipo de país poderiam corresponder.

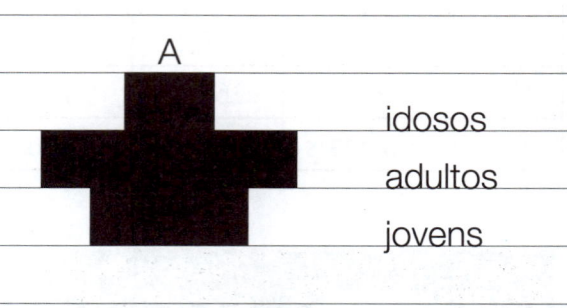

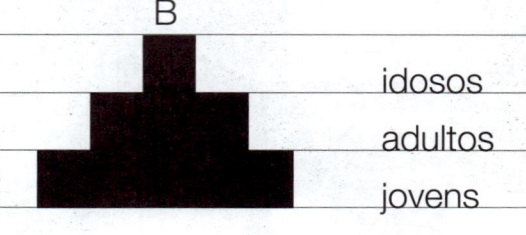

A

idosos
adultos
jovens

B

idosos
adultos
jovens

**5.** Observe atentamente a figura a seguir, fazendo uma comparação das duas pirâmides etárias.

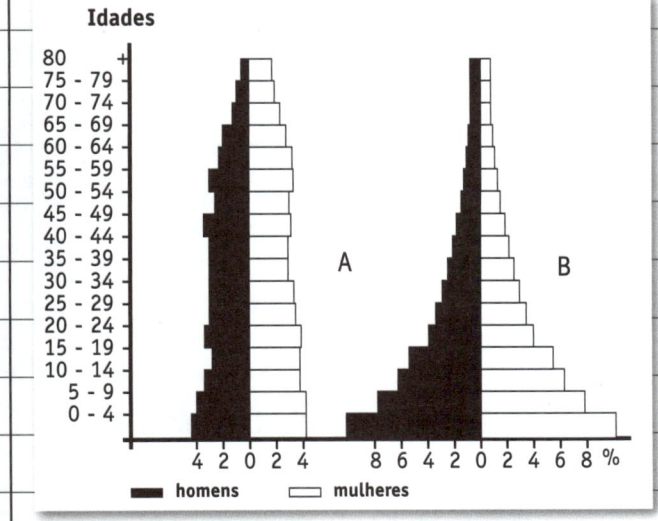

**Fonte:** Enciclopédia Britânica.

Coloque **V** ou **F** nas conclusões, conforme sejam verdadeiras ou falsas:

a) A pirâmide B mostra uma população que apresenta jovens mais numerosos do que os adultos.
( )

b) A pirâmide A retrata expectativa de vida e envelhecimento maiores do que a pirâmide B.
( )

c) A pirâmide A é típica de um país desenvolvido velho.
( )

**6.** Indique a pirâmide etária que representa um país com elevadas taxas de natalidade e baixa expectativa de vida.

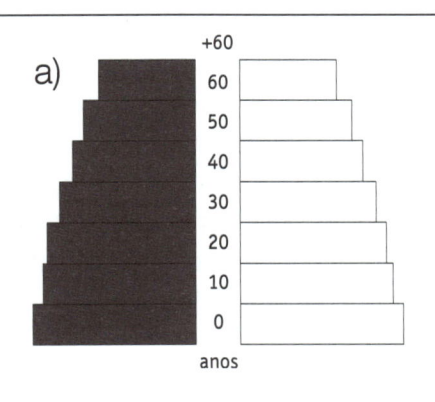

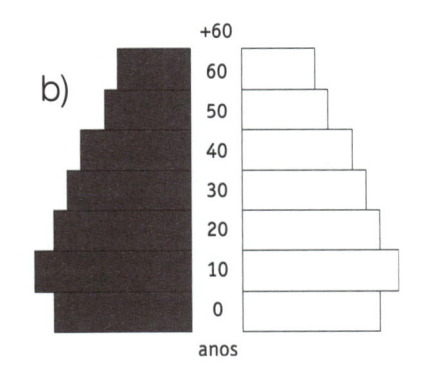

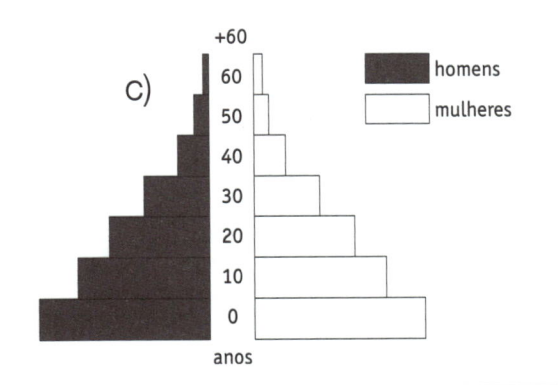

a)

b)

c)

## 9. A população que trabalha

**Você sabe o que é PEA?**

**PEA** é a sigla de **População Economicamente Ativa**, formada pelas pessoas que trabalham e recebem salário e pelas que trabalham sem receber salário – fazem trabalho voluntário ou de natureza familiar – e os desempregados.

Os estudantes, os aposentados e as donas de casa são considerados **inativos**, pois não estão ocupados no **mercado de trabalho** nem desempregados.

**Você sabe o que é PIA?**

**PIA** significa **População em Idade Ativa**, formada pelas pessoas com idade adequada para o trabalho. Para o IBGE – Instituto Brasileiro de Geografia e Estatística –, **PIA** é a população entre 15 e 65 anos de idade.

Algumas instituições brasileiras consideram na PIA quem tem mais de 10 anos de idade, mas o trabalho realizado por crianças até 14 anos é ilegal.

O trabalho infantil compromete as condições de vida, a saúde, o nível de escolaridade e o acesso à cidadania.

**1.** Explique o que é a PEA de um país.

**2.** O que é PIA?

**3.** Qual é a faixa etária da PIA?

**4.** Qual é o prejuízo do trabalho infantil para as crianças?

**Setores das atividades econômicas**

As atividades econômicas do mercado de trabalho dividem-se principalmente em três grupos:

• **primário** – agricultura, pecuária, mineração, exploração florestal e pesca;

• **secundário** – atividades industriais e construção civil;

• **terciário** – comércio, prestação de serviços, transportes, administração pública, instituições financeiras, administração de imóveis e profissões liberais.

*Mercado de trabalho* – *relação entre a oferta de trabalho e a procura por trabalhadores.*

**5.** No diagrama a seguir, encontre atividades profissionais classificadas no setor terciário da economia.

| A | J | K | F | S | P | T | R | I | J | B | A |
|---|---|---|---|---|---|---|---|---|---|---|---|
| G | P | E | P | D | D | E | K | V | O | I | J |
| R | O | C | L | O | T | D | C | M | L | U | O |
| I | R | F | A | G | E | N | H | I | J | N | G |
| C | T | E | L | E | F | O | N | I | S | T | A |
| U | E | M | P | O | Q | U | P | R | A | S | D |
| L | I | B | T | A | D | V | O | G | A | D | O |
| T | R | A | P | R | O | F | E | S | S | O | R |
| O | O | L | E | B | I | V | O | M | U | A | D |
| R | E | C | I | A | B | O | C | Ú | R | X | E |
| O | J | O | R | N | A | L | I | S | T | A | F |
| C | U | N | A | C | M | É | D | I | C | O | U |
| E | D | I | F | Á | G | E | I | C | O | S | T |
| I | U | S | A | R | E | L | H | O | I | Z | E |
| R | U | T | J | I | Q | U | A | T | R | O | B |
| O | M | A | Ç | O | U | G | U | E | I | R | O |
| M | E | T | A | L | Ú | R | G | I | C | O | L |

**6.** Compare os gráficos a seguir, destacando semelhanças e diferenças.

**GRÁFICO 1**
**DISTRIBUIÇÃO DO EMPREGO POR SETOR NO BRASIL – 2000**

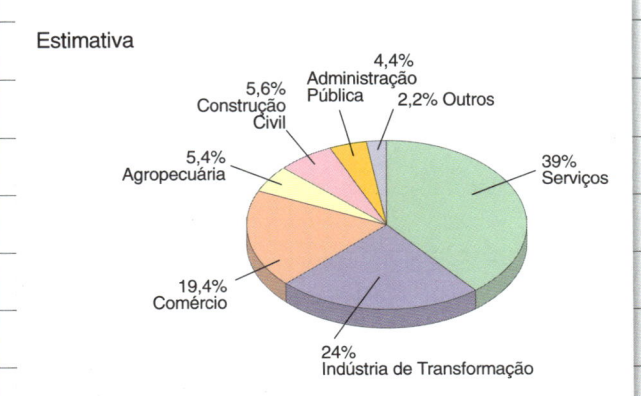

Estimativa
- 4,4% Administração Pública
- 5,6% Construção Civil
- 2,2% Outros
- 5,4% Agropecuária
- 39% Serviços
- 19,4% Comércio
- 24% Indústria de Transformação

**Fonte:** Ministério do Trabalho/*Almanaque Abril*, 2000.

**GRÁFICO 2**
**DISTRIBUIÇÃO DOS EMPREGOS POR SETOR DE ATIVIDADE ECONÔMICA NO BRASIL EM 2010**

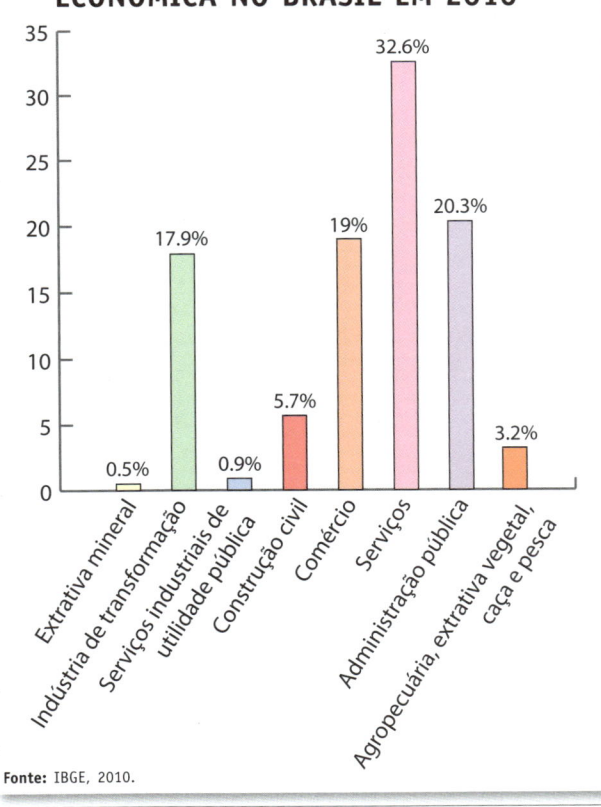

- Extrativa mineral: 0,5%
- Indústria de transformação: 17,9%
- Serviços industriais de utilidade pública: 0,9%
- Construção civil: 5,7%
- Comércio: 19%
- Serviços: 32,6%
- Administração pública: 20,3%
- Agropecuária, extrativa vegetal, caça e pesca: 3,2%

**Fonte:** IBGE, 2010.

**7.** Considerando que:

- os países subdesenvolvidos – exportadores de matéria-prima – têm a maior parte da PEA empregada no setor primário;

- os países desenvolvidos – informatizados e com indústrias robotizadas – têm a maior parte da PEA no setor terciário.

Indique a tendência do Brasil pela análise da questão anterior.

**8.** Com base nos dados apresentados no gráfico e em seus conhecimentos, assinale a alternativa incorreta:

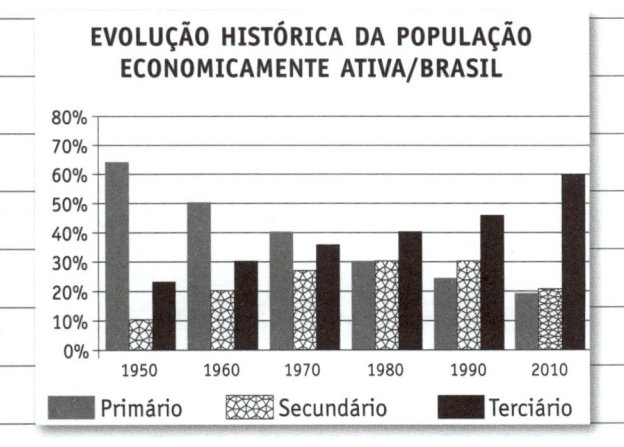

**EVOLUÇÃO HISTÓRICA DA POPULAÇÃO ECONOMICAMENTE ATIVA/BRASIL**

a) A ocupação de mão de obra pelo terciário reflete a ampla diversidade de atividades desse setor.

b) O crescimento acentuado do terciário é decorrente do fato de esse setor empregar, em geral, mão de obra menos qualificada.

c) O nível de emprego da população no setor secundário cresceu de forma lenta porque, entre outros fatores, é o setor que exige maior qualificação profissional.

d) O setor primário é aquele em que a população é mais acentuada.

e) Um dos fatores que influenciaram a diminuição do emprego no setor primário foi o paulatino desenvolvimento urbano e industrial.

**9.** Considerando a distribuição da população mundial por atividades econômicas, é incorreto afirmar que:

a) A repartição da PEA pelos setores de atividades reflete o grau de desenvolvimento econômico.

b) O setor terciário se apresenta em expansão em quase todos os países do mundo.

c) Em diversos países subdesenvolvidos, o número de pessoas empregadas no setor secundário vem aumentando por causa da existência de um processo de industrialização.

d) Os países subdesenvolvidos apresentam, geralmente, um setor terciário hipertrofiado.

e) Em todos os países desenvolvidos, de economia capitalista, o predomínio dos setores primário e secundário reflete o elevado poder aquisitivo da sociedade.

## 10. A imigração no Brasil

Somente na segunda metade do século XIX, após a proibição do tráfico de escravos pela Lei Eusébio de Queirós, é que a imigração brasileira adquiriu relevada importância numérica.

A grande imigração para o Brasil começou em 1850 e terminou em 1934, quando foi criada a Quota de Imigração.

A grande imigração pode ser dividida em quatro períodos, se levarmos em consideração os povos imigrantes predominantes em cada um desses períodos:

- **o período alemão,** de 1850 a 1871, com o predomínio numérico de alemães;
- **o período ítalo-eslavo,** de 1872 a 1886, com o predomínio de italianos e de eslavos;
- **o período italiano,** de 1887 a 1914, com o maior número de entradas, quase 2.700.000 imigrantes;
- **o período japonês,** de 1920 a 1934, depois da Primeira Guerra Mundial.

**IMIGRAÇÃO PARA O BRASIL SEGUNDO A NACIONALIDADE (1808–1991)**

- Portugueses 31%
- Italianos 30%
- Outros* 17,8%
- Espanhóis 13%
- Japoneses 4,2%
- Alemães 4%

\* Eslavos (poloneses e russos), sírio-libaneses, judeus, holandeses, franceses, ingleses, norte-americanos, coreanos, chineses etc.

Fonte: IBGE.

Família de imigrantes italianos, em São Caetano do Sul, São Paulo, no início do século XX.

**1.** Observe o gráfico abaixo sobre imigração e complete com as nacionalidades que tiveram o respectivo percentual indicado.

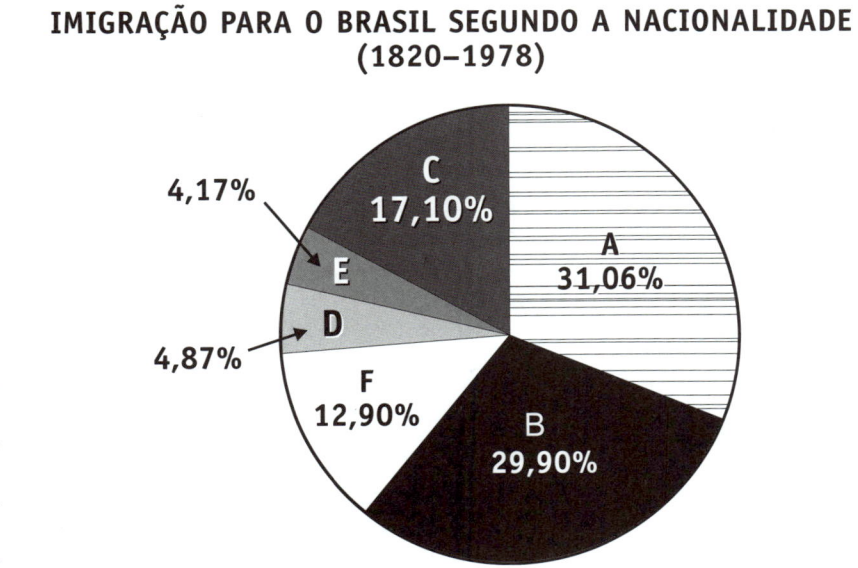

**IMIGRAÇÃO PARA O BRASIL SEGUNDO A NACIONALIDADE (1820-1978)**

- A — 31,06%
- B — 29,90%
- C — 17,10%
- F — 12,90%
- D — 4,87%
- E — 4,17%

A –             D –
B –             E –
C –             F –

**2.** Observe o mapa e complete as frases a seguir.

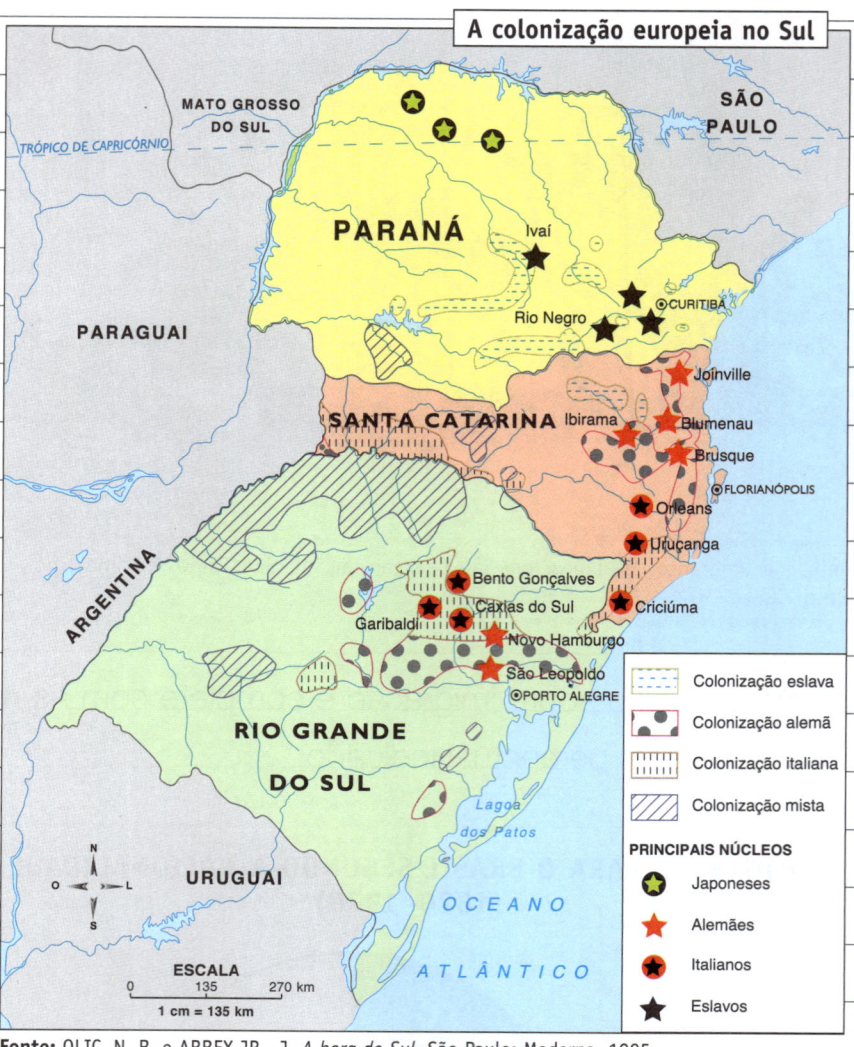

**A colonização europeia no Sul**

Fonte: OLIC, N. B. e ARBEX JR., J. *A hora do Sul*. São Paulo: Moderna, 1995.

a) Os alemães que caracterizaram o _____ período fundaram núcleos coloniais na região _____. Desses núcleos coloniais surgiram cidades como _____, _____, _____ e _____, em Santa Catarina, e Novo Hamburgo e São Leopoldo, no _____.

b) Esses núcleos coloniais de povoamento alemão formaram verdadeiros "quistos culturais", por causa da lentidão de integração cultural desses _____.

**Quistos culturais** – *núcleos coloniais não integrados culturalmente aos costumes nacionais; lugar em que se fala uma língua diferente do idioma nacional; onde se conservam os costumes das terras de origem.*

c) Os italianos, que foram os mais numerosos durante a grande imigração, estabeleceram-se também na região Sul, onde fundaram cidades como Tubarão, _____, _____ e _____, em Santa Catarina; e Caxias do Sul, Bento Gonçalves, _____ e muitas outras, no _____.

d) Os eslavos deram preferência ao estado do _____. São os poloneses, os russos e os ucranianos.

> No estado de São Paulo, os italianos instalaram-se na região da depressão periférica (Sorocaba, Tietê, Porto Feliz, Capivari, Campinas etc.) e na capital paulista, principalmente nos bairros do Brás, do Bexiga, da Barra Funda e da Vila Romana.
>
> Os japoneses escolheram os estados de São Paulo, Paraná e Pará.
>
> Desde 1850 até os dias atuais, o Brasil já acolheu mais de 5 milhões de imigrantes. Os portugueses e os italianos, somados, representam mais de 60% desse total.

**3.** Os primeiros imigrantes chegaram em 1908, e a fase áurea estendeu-se de 1920 a 1934. Estabeleceram-se no estado de São Paulo, principalmente no Vale do Ribeira e na Alta Paulista, desenvolvendo atividades hortifrutigranjeiras. Migraram, também, para o Paraná e para a Amazônia. Estamos nos referindo ao grupo de imigrantes:

a) eslavos
b) italianos
c) japoneses
d) alemães
e) espanhóis

**4.** Qual grupo de imigrantes teve distribuição no Brasil como está indicado no gráfico a seguir?

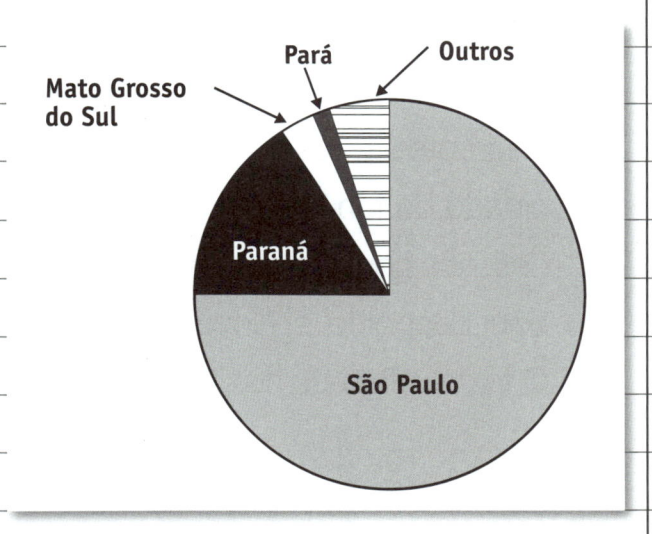

**5.** Faça a correspondência entre as duas colunas a seguir:

1 – Nova Friburgo ( ) eslavos
2 – Ivaí ( ) italianos
3 – Caxias do Sul ( ) alemães

4 – Oeste de SC ( ) japoneses
5 – Novo Hamburgo ( ) suíços
6 – Norte do PR ( ) italianos

**6.** Dos imigrantes que vieram para o Brasil, a maior contribuição populacional foi dada pelos:

a) portugueses e japoneses
b) italianos e alemães
c) alemães e espanhóis
d) japoneses e espanhóis
e) portugueses e italianos

**7.** Na segunda metade do século XIX, o Brasil recebeu um grande contingente imigratório. Um dos grupos de imigrantes se destaca por ter participado da fundação de várias cidades, tais como: Blumenau, Joinville, São Leopoldo e Novo Hamburgo. O texto refere-se aos imigrantes:

a) italianos
b) franceses
c) alemães
d) espanhóis
e) portugueses

**8.** Consulte o planisfério político no Miniatlas e identifique o continente de origem dos seguintes imigrantes brasileiros:

Portugueses –
Italianos –
Espanhóis –
Alemães –
Austríacos –
Suíços –
Holandeses –
Russos –
Poloneses –
Eslovacos –
Sírios –
Libaneses –
Judeus –
Japoneses –
Franceses –
Ingleses –
Estadunidenses –
Chilenos –
Argentinos –
Coreanos –
Chineses –

**9.** Dos imigrantes citados na questão 8, quais vieram de países mais próximos e mais distantes do Brasil?

## 11. A concentração da nossa população

Em 1950, a população urbana era 36% do total no Brasil. Em 1970, passou para 56% e, em 2010, para mais de 84%.

A rápida urbanização deu-se, essencialmente, por dois fatores interligados: as dificuldades de fixação do homem no campo, por falta de terra ou trabalho, e o surto industrial, agindo como fator de atração demográfica.

Cerca de 30% da população brasileira está concentrada nas regiões metropolitanas de nove capitais:

- a Grande São Paulo, no estado de São Paulo;
- a Grande Rio de Janeiro, no estado do Rio de Janeiro;
- a Grande Belo Horizonte, no estado de Minas Gerais;
- a Grande Porto Alegre, no estado do Rio Grande do Sul;
- a Grande Salvador, no estado da Bahia;
- a Grande Recife, no estado de Pernambuco;
- a Grande Fortaleza, no estado do Ceará;
- a Grande Curitiba, no estado do Paraná;
- a Grande Florianópolis, no estado de Santa Catarina.

**1.** Complete.

A Grande São _____ (formada por 39 municípios), a Grande Rio de _____ (formada por 17 municípios) e a Grande Belo _____ (formada por 34 municípios), de acordo com a Emplasa - 2006, concentram mais de 20% de toda a população brasileira.

### A concentração demográfica

A concentração demográfica gera graves problemas urbanos. A administração pública depara-se com uma variedade enorme de desafios potencializados pelo crescimento populacional desordenado.

Subemprego e desemprego, pobreza, favelas, criminalidade, desequilíbrio ecológico são os maiores conflitos enfrentados pelas populações metropolitanas.

E as administrações ainda se veem às voltas com questões de infraestrutura: saneamento, meios de transporte coletivo, trânsito, abastecimento de água, coleta e destinação do lixo urbano etc.

A grande concentração de pobreza é representada pelos cinturões de favelas que caracterizam a maior parte das médias e grandes cidades brasileiras.

**2.** Observe o mapa da densidade demográfica brasileira no Miniatlas e localize as nossas metrópoles superpopulosas.

a) Qual é o aspecto comum que existe nessas localizações?

b) Que contraste demográfico existe entre a fachada litorânea e a zona rural e a Amazônia?

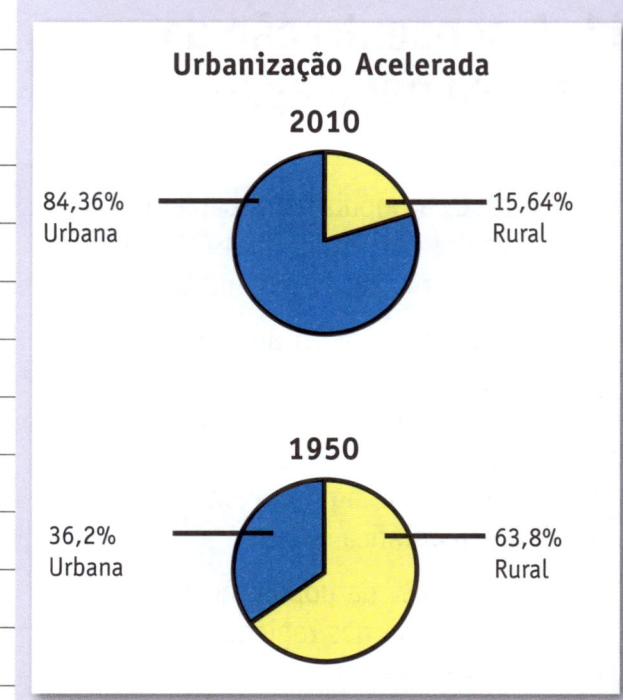

**Urbanização Acelerada**

**2010**
- 84,36% Urbana
- 15,64% Rural

**1950**
- 36,2% Urbana
- 63,8% Rural

| AS 5 MAIORES CIDADES ||
|---|---|
| São Paulo | 11.253.503 |
| Rio de Janeiro | 6.320.446 |
| Salvador | 2.675.656 |
| Brasília | 2.570.160 |
| Fortaleza | 2.452.185 |

**Fonte:** IBGE, 2010.

O Instituto de Pesquisa Econômica Aplicada (Ipea) costuma classificar as cidades por critérios internacionais: cultura, lazer, crescimento econômico e tecnológico – investimentos em alta tecnologia.

Em 2010, duas cidades brasileiras, consideradas as mais influentes do país, ganharam o *status* de **metrópoles mundiais** ou **metrópoles globais**, por se desenvolverem nessas áreas.

**São Paulo** – é a cidade que mais recebe visitantes no Brasil; a maioria não vem para passear, e sim "a negócios". São cerca de 45.000 feiras, congressos e exposições por ano. O turismo de negócios gera 1 milhão e meio de empregos. Empresários de outros estados vêm para São Paulo pelo menos uma vez por mês atrás de produtos e novas ideias. Muitos consideram São Paulo a Nova York do Brasil. Executivos de outros países acreditam que nessa cidade podem "faturar 1 milhão de dólares rapidinho".

A região Sudeste concentra mais de 42% da população brasileira. Na foto, vista aérea da cidade de São Paulo.

**Rio de Janeiro** – natureza caprichosa: praias, florestas e montanhas, tudo no mesmo lugar. A cidade promove um dos maiores espetáculos do mundo – o Carnaval – e tem lugares que o planeta inteiro conhece, como o Pão de Açúcar e o Maracanã.

Praias de Ipanema e Leblon, no Rio de Janeiro.

Segundo o presidente do Ipea, fazer parte desse seleto clube mundial é bom, mas nossas cidades podem subir ainda mais no *ranking*, solucionando velhos problemas: cuidar de questões relativas ao trânsito, à pobreza, à segurança pública e ao meio ambiente – esses são elementos que precisam ser alvo de políticas mais efetivas para alcançar o nível das chamadas cidades mundiais de primeiro porte. Ainda na classificação do Ipea:

**Metrópoles nacionais:** Fortaleza, Recife, Salvador, Brasília, Belo Horizonte, Curitiba, Porto Alegre.

**Metrópoles regionais:** Manaus, Belém, Goiânia, Campinas.

**3.** Indique em que categoria de cidade se classificam as seguintes capitais.

a) Brasília –

b) Belém –

c) Salvador –

d) Rio de Janeiro –

e) Manaus –

**4.** Separe por região as metrópoles classificadas pelo Ipea.

a) Sul –

b) Sudeste –

c) Norte –

d) Nordeste –

e) Centro-Oeste –

**5.** Identifique a metrópole que não é capital.

**6.** Se a sua cidade é uma metrópole, identifique-a. Se não, consulte o mapa Brasil – político, no Miniatlas, ou o mapa do seu estado e descubra qual é a metrópole mais próxima de sua cidade e escreva a sua classificação.

## ECONOMIA BRASILEIRA

# 12. A agricultura

As **atividades agrárias** são atividades primárias, isto é, voltadas para a produção de matérias-primas e geralmente praticadas no campo. São todas as atividades de produção vegetal e de produção animal.

A agricultura, a silvicultura e a extração vegetal são atividades de produção vegetal; a pecuária, a avicultura, a apicultura, a sericicultura e a pesca são atividades de produção animal.

**A agricultura brasileira**

A agricultura brasileira se estende por aproximadamente 67 milhões de hectares, o que é igual a cerca de 8% das nossas terras.

De maneira geral, por razões históricas, a política agrícola brasileira tem desestimulado a pequena produção e a diversidade de produtos. Visando atingir resultados no curto prazo, mobiliza esforços nas divisas de exportação, o que favorece os grandes produtores.

No Brasil, encontramos:

- lavouras permanentes – de longa duração e que, após a colheita, não necessitam de novo plantio; que produzem vários anos.

- lavouras temporárias – de curta duração, que necessitam de plantio após cada colheita.

### PRINCIPAIS PRODUTOS DA AGRICULTURA BRASILEIRA

| Por área colhida | |
|---|---|
| Lavoura temporária | Lavoura permanente |
| 1 – Soja | 1 – Café (beneficiado) |
| 2 – Milho | 2 – Laranja |
| 3 – Cana-de-açúcar | 3 – Castanha-de-caju |
| 4 – Feijão | 4 – Cacau (em amêndoa) |
| 5 – Arroz | 5 – Banana |
| 6 – Trigo | 6 – Coco-da-baía |
| 7 – Mandioca | 7 – Sisal ou agave (fibra) |
| 8 – Algodão (herbáceo) | 8 – Borracha |
| 9 – Sorgo granífero | 9 – Dendê |

| Pela quantidade produzida | |
|---|---|
| Lavoura temporária | Lavoura permanente |
| 1 – Cana-de-açúcar | 1 – Laranja |
| 2 – Soja | 2 – Banana |
| 3 – Milho | 3 – Café (beneficiado) |
| 4 – Mandioca | 4 – Coco-da-baía |
| 5 – Arroz | 5 – Mamão |
| 6 – Trigo | 6 – Uva |
| 7 – Tomate | 7 – Dendê |
| 8 – Batata-inglesa | 8 – Maçã |
| 9 – Feijão | 9 – Manga |

Fonte: *Brasil em números*. Rio de Janeiro: IBGE, 2010.

**1.** Leia o texto, observe o quadro da página anterior e complete a cruzadinha a seguir.

1. Principal produto da lavoura temporária brasileira, por área colhida.
2. Atividades primárias geralmente praticadas no campo.
3. Lavouras de longa duração, que produzem por vários anos sem novo plantio.
4. Cereal de maior consumo no mundo, geralmente em forma de farinha. Produto da lavoura temporária brasileira.
5. Bebida símbolo do Brasil, produzida em lavoura permanente.
6. Planta de origem asiática; principal produto da lavoura temporária brasileira, pela quantidade produzida.
7. Cereal originário das Américas; produto importante da lavoura temporária brasileira.
8. Modalidade comercial que dá resultado a curto prazo e que favorece os grandes produtores.
9. Fruto encontrado em estado nativo nas terras da Amazônia; importante produto da lavoura permanente brasileira, por área colhida.
10. Lavouras de curta duração, que necessitam de novo plantio após cada colheita.
11. Principal produto da lavoura permanente brasileira, pela quantidade produzida.

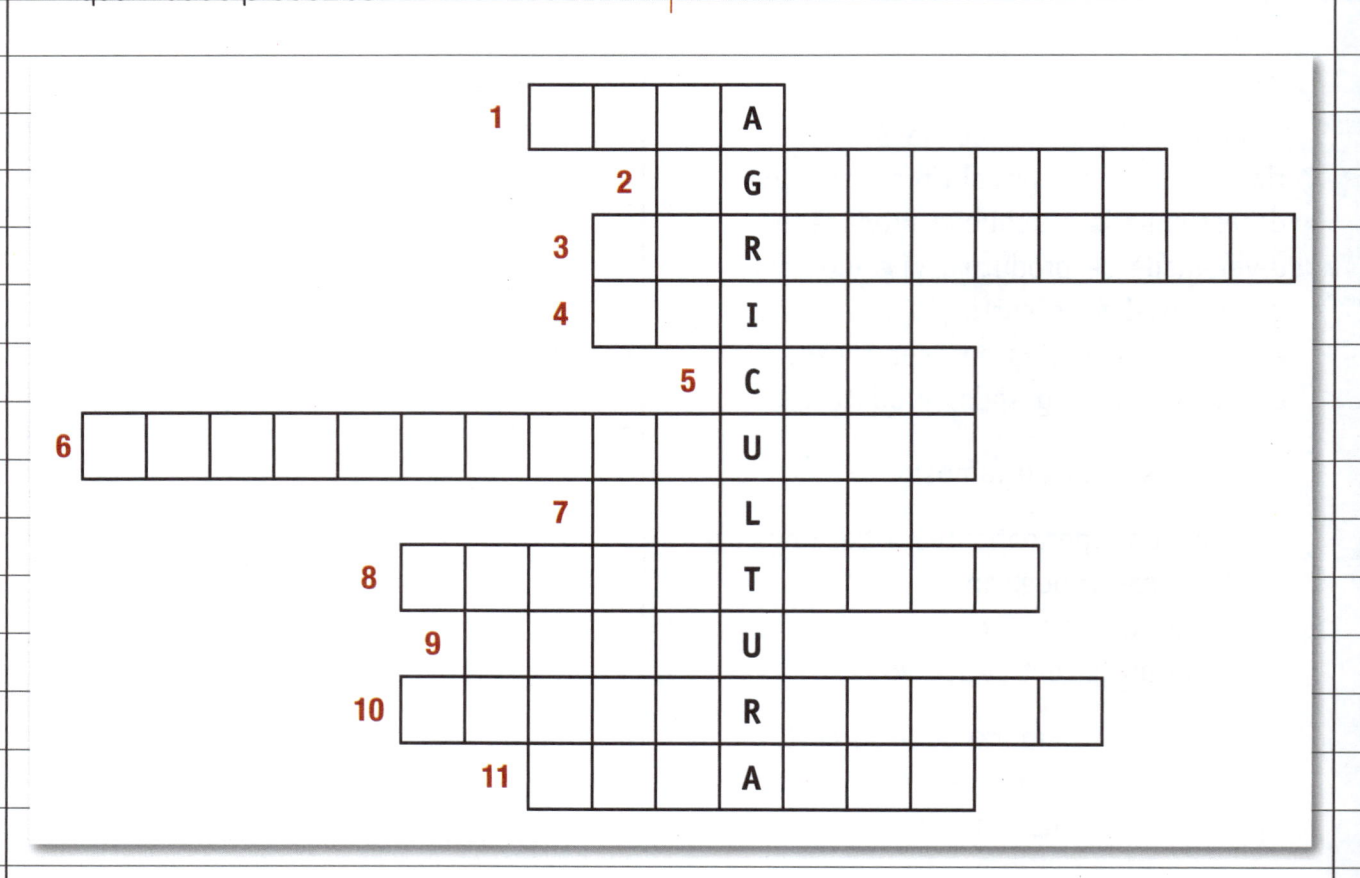

A **agricultura extensiva**, com muita terra e pouca mão de obra, é a modalidade predominante no Brasil. São as grandes plantações, que representam a nossa agricultura comercial.

Já a **agricultura intensiva**, com pouca terra e muita mão de obra, é bem restrita aos pequenos espaços, pomares e chácaras. São as jardinagens de floricultura, fruticultura e horticultura.

Maquinário em plantação de trigo no Paraná.

**2.** A agricultura comercial – voltada para o mercado interno e, principalmente, para o mercado externo – muitas vezes prejudica o cultivo de gêneros necessários ao consumo diário da população, além de contribuir com o desemprego no campo.

a) Identifique esse tipo de agricultura.

b) Por que ela causa os prejuízos descritos no texto?

**3.** As grandes monoculturas produzem os principais produtos da agricultura brasileira. Quais são esses produtos?

**4.** Observe o mapa a seguir e, com a ajuda do Miniatlas, calcule a escala do mapa.

| PRODUÇÃO DA AGRICULTURA BRASILEIRA ||||
| Lavouras temporárias || Lavouras permanentes ||
| Produtos | Estados produtores | Produtos | Estados produtores |
|---|---|---|---|
| Cana-de-açúcar | SP-PR-AL-MG | Laranja | SP-BA-SE-MG |
| Soja | MT-PR-RS-GO | Banana | SP-BA-PA-SC |
| Milho | PR-RS-MG-SP | Café | MG-ES-SP-RO |
| Mandioca | PA-BA-PR-RS | Coco-da-baía | BA-PA-CE-PE |
| Arroz | RS-MT-SC-MA | Uva | RS-SP-PE-PR |
| Trigo | PR-RS-MS-SC | Maçã | SC-RS-PR-SP |
| Tomate | GO-SP-MG-RJ | Castanha-de-caju | CE-RN-PI-BA |
| Feijão | PR-MG-BA-SP | Cacau | BA-PA-RO-ES |
| Algodão herbáceo | MT-GO-BA-SP | Algodão arbóreo | PB-RN-PE-CE |
| Fumo | RS-SC-PR-BA | Limão | SP-RJ-RS-BA |

**Fonte:** *Anuário Estatístico do Brasil.* Rio de Janeiro: IBGE, 2003.

Título: _____

Legenda

a) Identifique cada estado com sua sigla.
b) Escolha um ícone para cada produto e organize a legenda.
c) Coloque o símbolo de cada produto no seu estado produtor.
d) Escolha um título para o mapa.
e) Com linhas vermelhas, separe no mapa as regiões brasileiras, fazendo seus limites.
f) Organize a tabela abaixo para identificar a produção agrícola de cada região.
g) Identifique a produção agrícola do seu estado, classificando os produtos de lavouras temporárias e permanentes.

| Norte | Nordeste | Sul | Sudeste | Centro-Oeste |
|---|---|---|---|---|
| | | | | |
| | | | | |
| | | | | |
| | | | | |
| | | | | |
| | | | | |
| | | | | |
| | | | | |
| | | | | |
| | | | | |
| | | | | |
| | | | | |
| | | | | |
| | | | | |

A agricultura brasileira, de maneira geral, ainda enfrenta uma série de problemas, como:

- deficiência na difusão do sistema de cooperativas;
- deficiência no combate às pragas agrícolas;
- deficiência no sistema de drenagem nas zonas de inundação;
- deficiência no sistema de irrigação nas zonas de secas prolongadas;
- deficiência nos métodos de combate à erosão;
- deficiência nos métodos de conservação dos solos;
- falta de armazéns e silos adequados para a estocagem da produção;
- falta de assistência médico-social ao homem do campo;
- falta de financiamentos e de projetos aos produtores;
- falta de garantias governamentais e de estabilidade na política agrícola;
- falta de orientação técnica e comercial ao homem do campo.

Além de tudo isso, o homem do campo é alimentado pela ilusão de que as condições de vida são melhores na cidade, o que estimula o êxodo rural.

Uma das soluções para esses problemas, a médio ou longo prazo, constitui um antigo sonho de milhões de brasileiros: a **reforma agrária.**

A reforma agrária deve ser entendida como uma série de mudanças e melhorias nas condições da produção agrária, e não como uma simples distribuição ou doação de terras.

Uma reforma agrária somente terá consistência se for acompanhada de esforço político e planejamento. O planejamento deve prever a fixação do homem à terra por meio de orientação técnica, o que solicita, paralelamente, uma **reforma agrícola**.

**5.** Leia o texto anterior e classifique os problemas da agricultura brasileira como se pede.

a) Identifique um problema que depende de vontade política.

b) Identifique um problema que depende de tecnologia.

c) Identifique um problema relacionado à mão de obra.

d) Identifique um problema econômico relacionado ao capital (dinheiro).

**6.** De acordo com o texto anterior, escreva uma solução para os problemas da agricultura brasileira. Justifique a resposta.

**7.** Atendendo às novas funções da agricultura, existe hoje o que chamamos de agroindústria – tipo de indústria que, além de utilizar matérias-primas agrícolas, instala-se na zona rural para economizar no transporte da matéria-prima.
Dê dois exemplos de agroindústrias.

**8.** Que tipo de agricultura predomina no Brasil? Explique.

**9.** O grande volume de produção de frutas tropicais, cujo grande consumidor é o mercado europeu, localiza-se no clima semiárido e é possível pelo aproveitamento das águas do rio São Francisco para a irrigação.
O texto refere-se à região _____.

---

**Funções da agricultura**

1ª – Fornecer matérias-primas para a indústria. Por exemplo, o algodão para a indústria têxtil e produtos alimentícios para a indústria de alimentos.

2ª – Produzir alimentos para a população urbana, que é cada vez maior, enquanto a população rural é cada vez menor: cada vez menos gente da população rural precisa produzir mais alimentos para a população urbana, e isso só é possível graças à mecanização rural.

3ª – Fornecer combustíveis para o setor urbano industrial – plantações de cana-de-açúcar para produção de álcool, atendendo ao **Pro-Álcool**, programa criado na década de 1970.

4ª – Gerar divisas cambiais, isto é, aumentar a produção de mercadorias para exportação.

## Silvicultura e extração vegetal

A **silvicultura** é a atividade de florestamento ou reflorestamento para exploração econômica. É o plantio de árvores, em matas ou florestas, para um posterior aproveitamento econômico.

Tanto no número de árvores como na extensão plantada, destacam-se o eucalipto, o pínus americano, o pinheiro-brasileiro e a acácia-negra.

Essas mesmas espécies destacam-se, também, no volume e no valor da produção silvícola. A maior parte da madeira dessas espécies vegetais é usada na fabricação de **papel** e **celulose**.

O **eucalipto** é a árvore plantada em maior quantidade e em maior extensão. Fornece milhões de metros cúbicos (m3) de madeira e de lenha e mais de 1 milhão de toneladas de carvão vegetal. Os maiores produtores nacionais são os estados de Minas Gerais, São Paulo, Paraná e Mato Grosso do Sul.

Área de reflorestamento em Monte Verde, Minas Gerais.

O **pínus americano** e o **pinheiro-brasileiro** também fornecem milhões de metros cúbicos de madeira, milhares de metros cúbicos de lenha e centenas de toneladas de carvão. Seus maiores produtores são os estados do Paraná e de Santa Catarina.

A **acácia-negra** é a árvore plantada em menor quantidade e em menor extensão quando comparada com essas outras. Ela também fornece milhões de metros cúbicos de madeira e de lenha e dezenas de toneladas de carvão. Os maiores produtores são o Rio Grande do Sul e Minas Gerais.

**10.** Relacione as colunas, identificando cada tipo de árvore com o estado produtor de papel e celulose.

a) eucalipto       (   ) MG

b) pínus           (   ) SP

c) acácia-negra    (   ) RS

                   (   ) PR

                   (   ) SC

                   (   ) MS

Há vários tipos de trabalhadores rurais:

1º – os **pequenos proprietários**, que realizam o chamado trabalho familiar. É a família que trabalha na sua pequena propriedade, geralmente sem relação de assalariamento;

2º – **parceiros** ou **meeiros**. Um meeiro não tem terra, mas tem a força de trabalho. Ele, então, trabalha na terra de alguém, e o valor da produção é dividido pela metade, entre trabalhador e proprietário;

3º – **arrendatários**, que arrendam (alugam) a terra que pertence a um proprietário rural, por determinado tempo de uso, por meio de contrato que inclui desde o pagamento em dinheiro até o pagamento em produtos e trabalho;

4º – **assalariados**, **temporários** ou **permanentes**. O que predomina é o assalariado temporário, que não tem contrato de trabalho, não é registrado, não recebe benefícios ou direitos trabalhistas. Ele trabalha e recebe por dia ou pela quantidade do que extrai, colhe ou planta. No geral, trabalha na época de colheita, e, no resto do tempo, está desempregado. É o boia-fria, ou volante, ou outras denominações que recebe nos mais variados cantos do Brasil;

5º – **posseiros**, ocupantes de uma propriedade sobre a qual não têm nenhum direito nominal. No Brasil, o tipo mais comum de posseiro se encontra no campo, ocupando terras devolutas e fazendo uso delas para seu sustento.

**11.** Leia o texto ao lado e responda às questões a seguir.

a) Qual é o tipo de trabalhador rural que, em troca do uso da terra, divide a produção com o proprietário?

b) Qual é o tipo de trabalhador rural que se instala numa terra e nada paga ao proprietário pelo seu uso?

c) Qual é o tipo de trabalhador rural que trabalha a terra por contrato, pagando ao proprietário uma espécie de aluguel?

d) Como são as condições de trabalho dos boias-frias?

**12.** Brasil agricultura

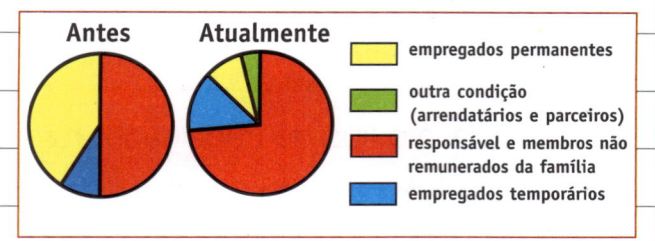

Antes | Atualmente
- empregados permanentes
- outra condição (arrendatários e parceiros)
- responsável e membros não remunerados da família
- empregados temporários

O subtítulo mais adequado para essa representação gráfica é: Mudanças

a) nas relações de trabalho.
b) na participação na renda.
c) na estrutura fundiária.
d) nos tipos de empreendimento agrícola.
e) nos tipos de cultura.

**13.** Sobre os aspectos humanos da atividade agrícola, no Brasil, assinale a alternativa incorreta.

a) "Sem-terra" são ex-proprietários, parceiros, agregados, arrendatários, meeiros, peões e boias-frias.
b) A concentração da terra é fator responsável pelo êxodo rural e fator multiplicador dos conflitos com os "sem-terra".
c) Dentre as dificuldades do pequeno produtor, assinala-se a dificuldade de obtenção de financiamentos.
d) Os boias-frias, trabalhadores contratados, são remunerados pelo sistema da meia, no qual metade da produção é destinada ao proprietário das terras.
e) Um problema crucial do campo é a má distribuição da terra.

## 13. A pecuária

A atividade criatória no Brasil é praticada ao longo das pastagens naturais e das pastagens plantadas.

Os gados com rebanhos mais numerosos no Brasil são os bovinos, os suínos, os ovinos, os caprinos, os equinos, os muares, os asininos, os coelhos e os búfalos.

**Gado bovino**

O rebanho bovino brasileiro é um dos maiores do mundo, com mais de 212 milhões de cabeças, conforme dados do IBGE em 2011.

No rebanho brasileiro de bovinos, predomina a criação extensiva, na qual o **gado** é criado solto; é uma criação destinada à engorda para abate ou corte. Os maiores criadores são os estados de Mato Grosso, Minais Gerais, Goiás e Mato Grosso do Sul.

A criação bovina intensiva, com gado estabulado, destinada sobretudo à produção de leite, é praticada em regiões restritas, como o Vale do Paraíba, o sudeste mineiro e o noroeste paulista.

No rebanho bovino brasileiro, existem mais de 23 milhões de vacas ordenhadas produzindo 33,2 bilhões de litros de leite ao ano (dados do IBGE, 2011). Os maiores produtores de leite são os estados de Minas Gerais, de Goiás, da Bahia, do Paraná e do Rio Grande do Sul.

Pecuária extensiva, muito comum no Brasil. Fazenda no Rio Grande do Sul.

**1.** Leia o texto anterior e complete o quadro a seguir.

| PECUÁRIA BOVINA NO BRASIL | | | | |
|---|---|---|---|---|
| Criação | Dimensões das propriedades | Características | Destino da produção | Maiores produtores |
| Extensiva | | | | |
| Intensiva | | | | |

### Gado bufalino

Na mesma modalidade da criação bovina, existe também a criação de **búfalos**. Nosso rebanho bufalino é superior a 1 milhão de cabeças. Os maiores criadores são os estados do Pará e do Rio Grande do Sul.

### Gado suíno

O segundo rebanho mais numeroso no Brasil é o de gado suíno. São mais de 39 milhões de **porcos**, **leitões** e **leitoas** que fornecem carne e gordura (banha) para o consumo. Santa Catarina, Rio Grande do Sul, Paraná e Minas Gerais são os estados que mais se destacam nessa criação.

### Gado ovino

A criação ovina também é praticada em todo o Brasil. Nosso rebanho de **carneiros** e **ovelhas** é de quase 17 milhões de cabeças, destacando-se os estados do Rio Grande do Sul, da Bahia, do Ceará e de Pernambuco.

A criação para tosquia envolve 22% dos nossos ovinos. Está concentrada no estado do Rio Grande do Sul, que produz 87% da lã nacional.

### Gado caprino

A criação caprina tem um rebanho com mais de 9 milhões de cabeças (dados do IBGE, 2011). Mais de 90% desse rebanho está concentrado, geograficamente, na região Nordeste, principalmente nos estados da Bahia, de Pernambuco, do Piauí e do Ceará.

Criação de cabras em Teresópolis, Rio de Janeiro.

**2.** Os maiores criadores de búfalos do Brasil são os estados:

**3.** Faça a correspondência dos rebanhos com os estados criadores.

a) ovinos

b) caprinos

(   ) Ceará
(   ) Rio Grande do Sul
(   ) Pernambuco
(   ) Bahia
(   ) Piauí

### Gado equino e muar

Os rebanhos brasileiros de equinos e de muares também são numerosos, principalmente no Sudeste e no Nordeste. Minas Gerais e Bahia são os maiores criadores nacionais desses tipos de gado.

### Gado asinino

Outro rebanho numeroso na pecuária nordestina é o de gado asinino. Nessa criação, destacam-se os estados da Bahia, do Ceará, do Piauí e do Maranhão.

*Asinino* – *jumento, jegue, jerico.*

### Cunicultura

A cunicultura brasileira, embora ainda modesta, está em fase de crescimento e já adquiriu certa importância na nossa atividade criatória. Nosso rebanho de **coelhos** tem como maiores criadores os estados do Rio Grande do Sul, do Paraná, de Santa Catarina e de Minas Gerais. A produção de carne com baixo teor de gordura, especial para determinadas dietas, é um dos seus principais destaques.

**4.** Muares são animais resultantes do cruzamento de jumento e égua, ou de cavalo e jumenta. Os muares substituem os cavalos como meio de transporte de carga, com grande vantagem. Identifique os maiores criadores nacionais de equinos e muares.

Equinos, principalmente no Sudeste:

Muares, principalmente no Nordeste:

**5.** Qual região brasileira apresenta os maiores rebanhos asininos? Identifique os estados.

**6.** A carne de coelhos – mamíferos roedores – é muito apreciada, principalmente na Europa ocidental. No Brasil, os maiores criadores de coelhos estão nos estados:

### A avicultura brasileira

O rebanho mais numeroso na avicultura brasileira é o de **galináceos**. São as galinhas, os frangos, as frangas e os galos, muito comuns nas zonas rurais e nos quintais das pequenas cidades.

O rebanho galináceo brasileiro conta com mais de 1,2 bilhão de cabeças e os maiores criadores são os estados do Paraná, de São Paulo, de Santa Catarina e do Rio Grande do Sul.

A criação galinácea brasileira produz, anualmente, 43,8 bilhões de unidades de ovos (dados de 2011) e, nessa produção, destacam-se os estados de São Paulo, de Minas Gerais, do Paraná e do Rio Grande do Sul.

Enquanto a criação de patos, marrecos, gansos e perus é maior na região Sul, principalmente no estado de Santa Catarina, a criação de codornas é maior na região Sudeste, no estado de São Paulo.

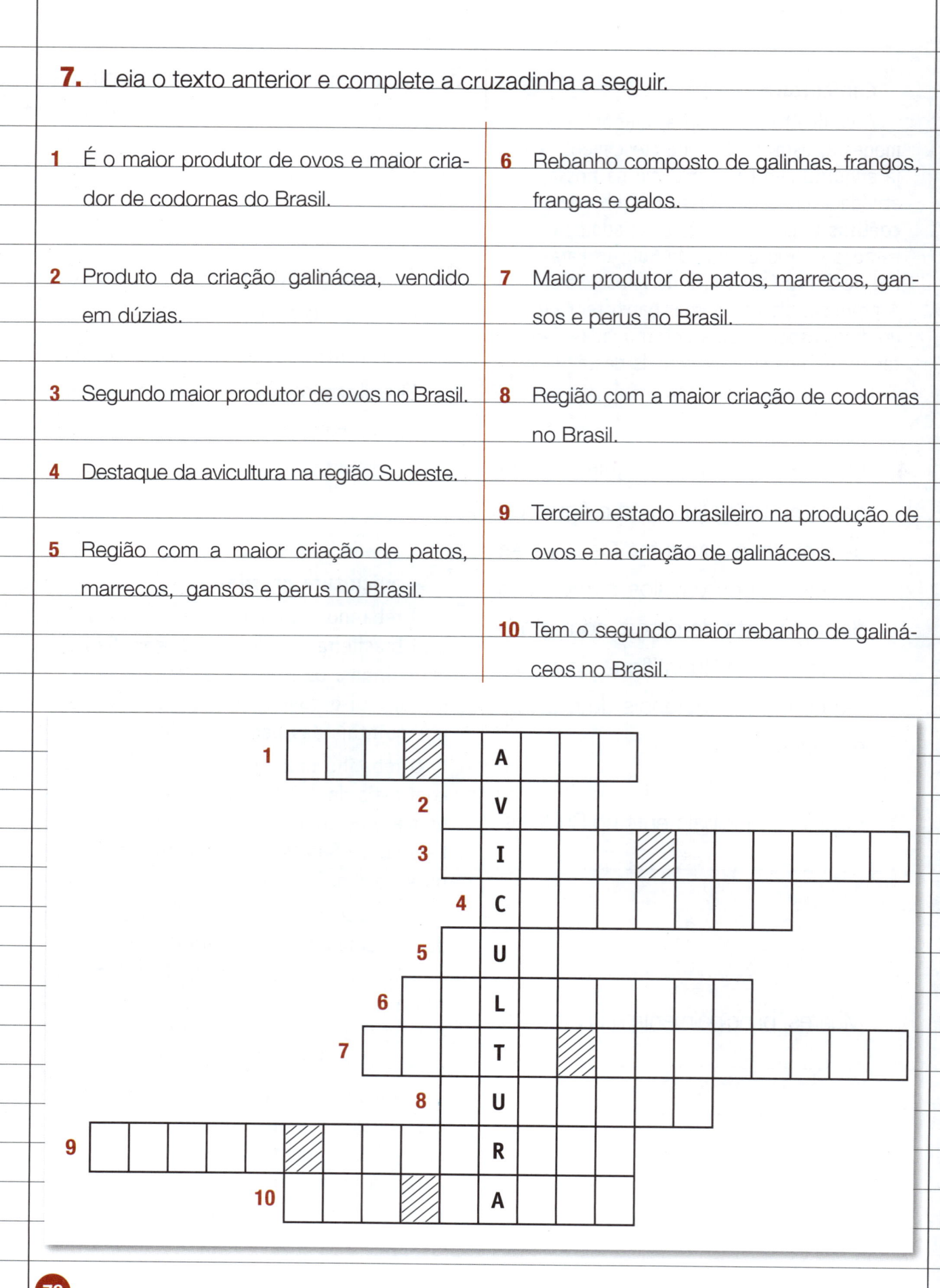

**7.** Leia o texto anterior e complete a cruzadinha a seguir.

1. É o maior produtor de ovos e maior criador de codornas do Brasil.

2. Produto da criação galinácea, vendido em dúzias.

3. Segundo maior produtor de ovos no Brasil.

4. Destaque da avicultura na região Sudeste.

5. Região com a maior criação de patos, marrecos, gansos e perus no Brasil.

6. Rebanho composto de galinhas, frangos, frangas e galos.

7. Maior produtor de patos, marrecos, gansos e perus no Brasil.

8. Região com a maior criação de codornas no Brasil.

9. Terceiro estado brasileiro na produção de ovos e na criação de galináceos.

10. Tem o segundo maior rebanho de galináceos no Brasil.

### Apicultura

A apicultura é a criação de **abelhas** para produção de mel e cera.

A maior parte da produção brasileira de mel é obtida pela apicultura das regiões Sul e Nordeste, onde se destacam os estados do Rio Grande do Sul e do Piauí. Em seguida, temos a produção do Sudeste, com destaque para São Paulo e Minas Gerais.

Já na produção de cera de abelha, mais da metade da produção nacional é fornecida pela apicultura nordestina, destacando-se a Bahia e o Piauí. Em segundo lugar, está a produção da região Sul, com os estados do Rio Grande do Sul e de Santa Catarina.

### Sericicultura

A sericicultura, criação de **casulos de seda e de lã**, também é praticada no Brasil.

O estado do Rio Grande do Sul contribui com mais de 85% da produção sericícola brasileira. Os estados de Mato Grosso do Sul, de São Paulo, de Santa Catarina, de Goiás, do Paraná e de Minas Gerais produzem o restante (menos de 15%).

Sericicultura praticada no Brasil.

**8.** Leia o texto anterior e complete a cruzadinha a seguir.

**HORIZONTAIS**

**1.** Pequeno produtor sericícola brasileiro na região Centro-Oeste.

**2.** Sigla de um dos estados que contribuem com menos de 15% da produção sericícola brasileira, localizado no Sudeste.

**3.** Produtor de casulos de seda da região Sul.

**4.** Destaque da apicultura nordestina.

**5.** Produto da apicultura com mais da metade da produção nacional na região Nordeste.

**6.** Atividade econômica de criação de abelhas.

**7.** Produto da apicultura com maior produção na região Sul.

**8.** Sigla de um estado sulino que se destaca na produção de mel e cera, mas tem pouca criação de casulos de seda.

**VERTICAIS**

**1.** Estado da região Sudeste com pouca produção sericícola.

**2.** Sigla de um estado do Sudeste com destaque na produção de mel.

**3.** Maior produtor de cera de abelha no Brasil.

**4.** Maior produtor de mel e de casulos de seda no Sudeste brasileiro.

**5.** Atividade econômica de criação de casulos do bicho-da-seda.

**6.** Sigla de um estado do Centro-Oeste, pequeno produtor sericícola.

**7.** Região com a maior produção de mel e a segunda produção de cera de abelha no país.

**8.** Estado produtor de cera de abelha do Brasil.

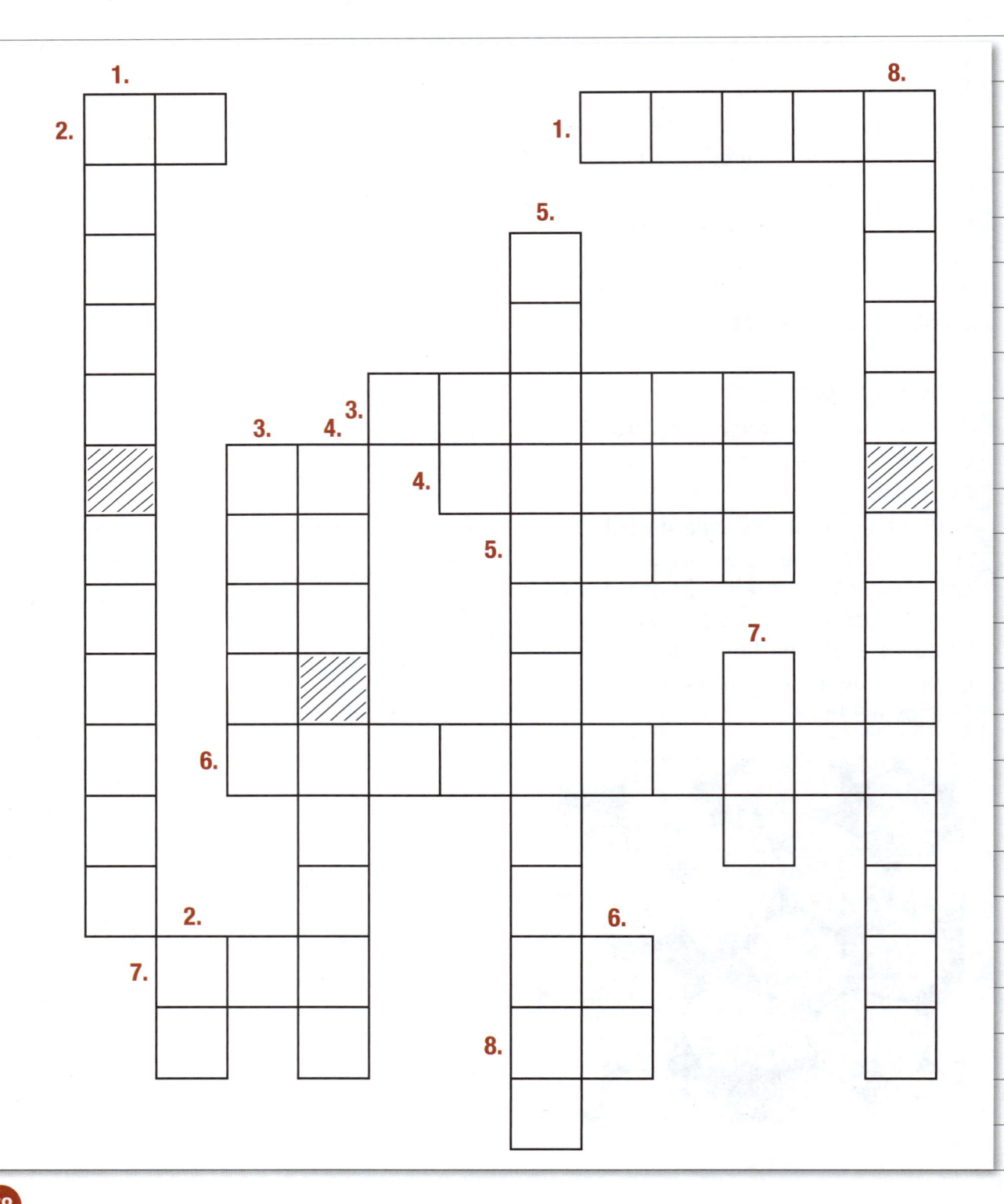

### A pesca no Brasil

A pesca, como atividade econômica, comercial ou de subsistência, é praticada ao longo de todo o território brasileiro, no mar e na água doce.

A maior parte do pescado brasileiro, pelo menos dois terços do total, é do mar. Os maiores produtores de pescado são Pará, Santa Catarina, Bahia, Rio Grande do Sul, Ceará e Amazonas.

Em contrapartida, a piscicultura, produção de peixes em cativeiro, é uma das atividades que mais cresceram no país nos últimos anos, com destaque para os estados do Rio Grande do Norte, do Espírito Santo e de Santa Catarina, além da região Amazônica.

| MAIORES PRODUTORES BRASILEIROS DE PESCADO (em ordem decrescente de importância no valor da produção) | | | | |
|---|---|---|---|---|
| Pescado | Pesca extrativa marinha | Pesca extrativa continental | Agricultura marinha (maricultura) | Agricultura de água continental |
| Peixes | SC-PA-RJ | AM-PA-MA | SE | RS-SP-SC |
| Crustáceos | PA-BA-SC | CE-AP-MA | RN-CE-BA | RJ-ES-PE |
| Moluscos | MA-RJ-PE | — | SC-ES-SP | — |

**Fonte:** *Estatística da pesca 2003*. Brasília: Ibama/DIFAP/CGREP, 2004.

**9.** Leia o texto anterior e, a exemplo do que você já fez com a agricultura, escolha um símbolo para cada tipo de pescado e represente a produção brasileira no mapa do Brasil. Depois, faça o que se pede.

a) Escolha uma região brasileira e marque os seus limites: Norte, Nordeste, Sul, Sudeste ou Centro-Oeste.

b) Identifique os estados e as capitais dessa região.

c) Complete o mapa da região escolhida, localizando a sua produção agropecuária e de extração vegetal.

d) Elabore a escala do mapa.

Título: _____

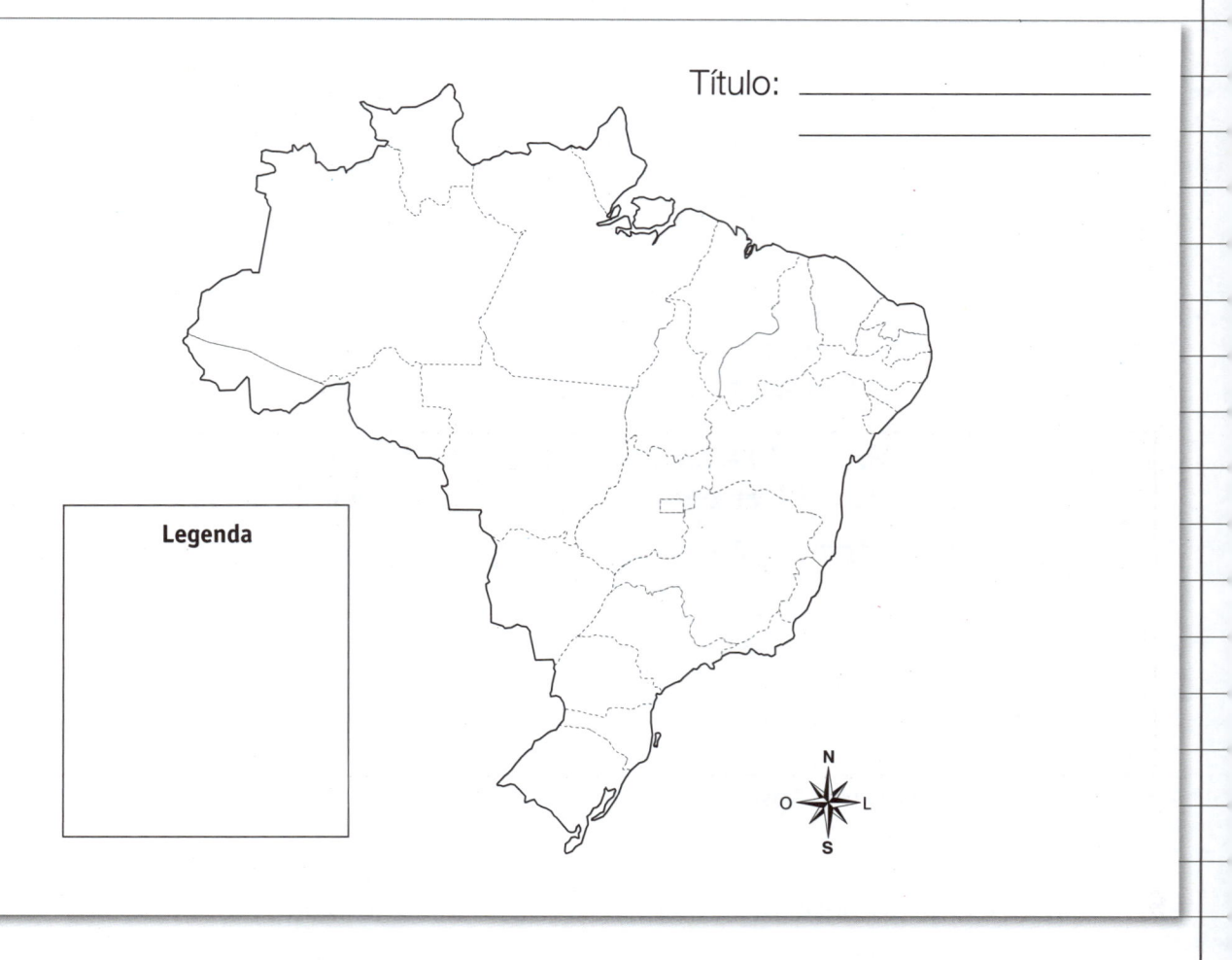

**Legenda**

## 14. A mineração

Os produtos obtidos pela extração mineral são divididos em três grupos:

- o de minérios não metálicos;
- o de minérios metálicos;
- o de minérios combustíveis.

**Os minérios não metálicos**

São as pedras preciosas ou não preciosas e muitos outros produtos, como água mineral, areia, granito, mica, grafita e diamante.

Pelo valor geral da produção destacam-se:

- o **calcário**, mais explorado nos estados de Mato Grosso, do Paraná, de Minas Gerais e de Goiás;
- a **água mineral**, mais explorada em São Paulo, Minas Gerais, Pernambuco, Rio Grande do Sul e Rio de Janeiro;
- o **sal marinho**, extraído mais no litoral do Rio Grande do Norte, do Rio de Janeiro, do Ceará e do Piauí;
- o **sal-gema**, extraído dos terrenos marginais do rio São Francisco, na Bahia e em Alagoas.

**Os minérios metálicos**

São muito mais importantes e valiosos. Destacam-se o ouro, o ferro, o estanho, o alumínio e o manganês.

- O **ouro**, de variada utilidade e alto valor econômico, é mais explorado nos estados de Minas Gerais, Goiás, Bahia, Pará e Mato Grosso.
- O **ferro**, utilizado em grande escala nas indústrias, construções e para exportação, é extraído em maiores quantidades nos estados de Minas Gerais, Pará e Mato Grosso do Sul.
- O **estanho**, extraído da cassiterita, é produzido pelos estados do Amazonas, Rondônia e Minas Gerais.
- O **alumínio**, hoje muito utilizado na fabricação de utensílios domésticos e de material de construção, é extraído da bauxita. Seus maiores produtores nacionais são os estados do Pará, Minas Gerais e São Paulo.
- O **manganês**, muito usado na fabricação de aço, é mais explorado no Pará, em Minas Gerais e no Mato Grosso do Sul.

**1.** Leia o texto anterior e complete o quadro a seguir.

| MINÉRIO | PRINCIPAIS ESTADOS PRODUTORES |
|---|---|
| Ferro | |
| Manganês | |
| Bauxita | |
| Ouro | |
| Cassiterita | |
| Sal marinho | |
| Água mineral | |
| Sal-gema | |
| Calcário | |

**2.** O estado de Minas Gerais é o maior produtor nacional de minério de ferro, extraído no chamado Quadrilátero Ferrífero. Esse estado se destaca na produção de quais outros minerais?

**3.** As maiores riquezas minerais da região Norte estão no Pará. Identifique os principais minérios produzidos nesse estado.

**4.** Em qual região está o maior produtor brasileiro de sal marinho? Identifique-o.

### Os minérios combustíveis

Os minérios combustíveis, que produzem energia quando queimados, são o carvão mineral, o gás natural e o petróleo.

O **carvão mineral** é uma rocha sedimentar orgânica mais conhecida pelo nome de hulha. É usado como combustível e como redutor do minério de ferro na indústria siderúrgica.

Toda a produção brasileira de carvão mineral é extraída na região Sul. O estado do Rio Grande do Sul é o maior produtor nacional (51%) e Santa Catarina é o segundo grande produtor (47,4%). O Paraná contribui com menos de 1,6% da produção nacional.

O **gás natural** é extraído, em terra ou na plataforma continental, com a exploração de petróleo bruto.

Os produtores brasileiros de gás natural são os estados do Rio de Janeiro, Amazonas, Bahia, Rio Grande do Norte, Sergipe, Alagoas, Espírito Santo, São Paulo, Ceará e Paraná.

O **petróleo** é um dos produtos mais importantes do extrativismo mineral, pois, além de ser fonte de energia, impulsiona o desenvolvimento em vários setores da economia.

A maior parte (85,4%) do petróleo produzido no Brasil é extraída da plataforma continental. O restante, 14,6% da produção nacional, é extraído em terra, isto é, no continente.

Os produtores de petróleo no Brasil são os estados do Rio de Janeiro, Espírito Santo, Rio Grande do Norte, Bahia, Amazonas, Sergipe, Ceará, Alagoas, Paraná e São Paulo.

A empresa estatal Petrobras exerceu o monopólio das atividades petrolíferas no Brasil até 1997, quando o Congresso autorizou a entrada de empresas privadas no setor.

A Petrobras é uma empresa de economia mista controlada pelo governo federal. Ela foi criada em 3 de outubro de 1953 pela Lei nº 2.004, no governo de Getúlio Vargas.

Plataforma de petróleo na Baía de Todos-os-Santos, em Salvador, Bahia.

**5.** Leia o texto sobre os minérios combustíveis e prepare-se para trabalhar com o mapa do Brasil a seguir:

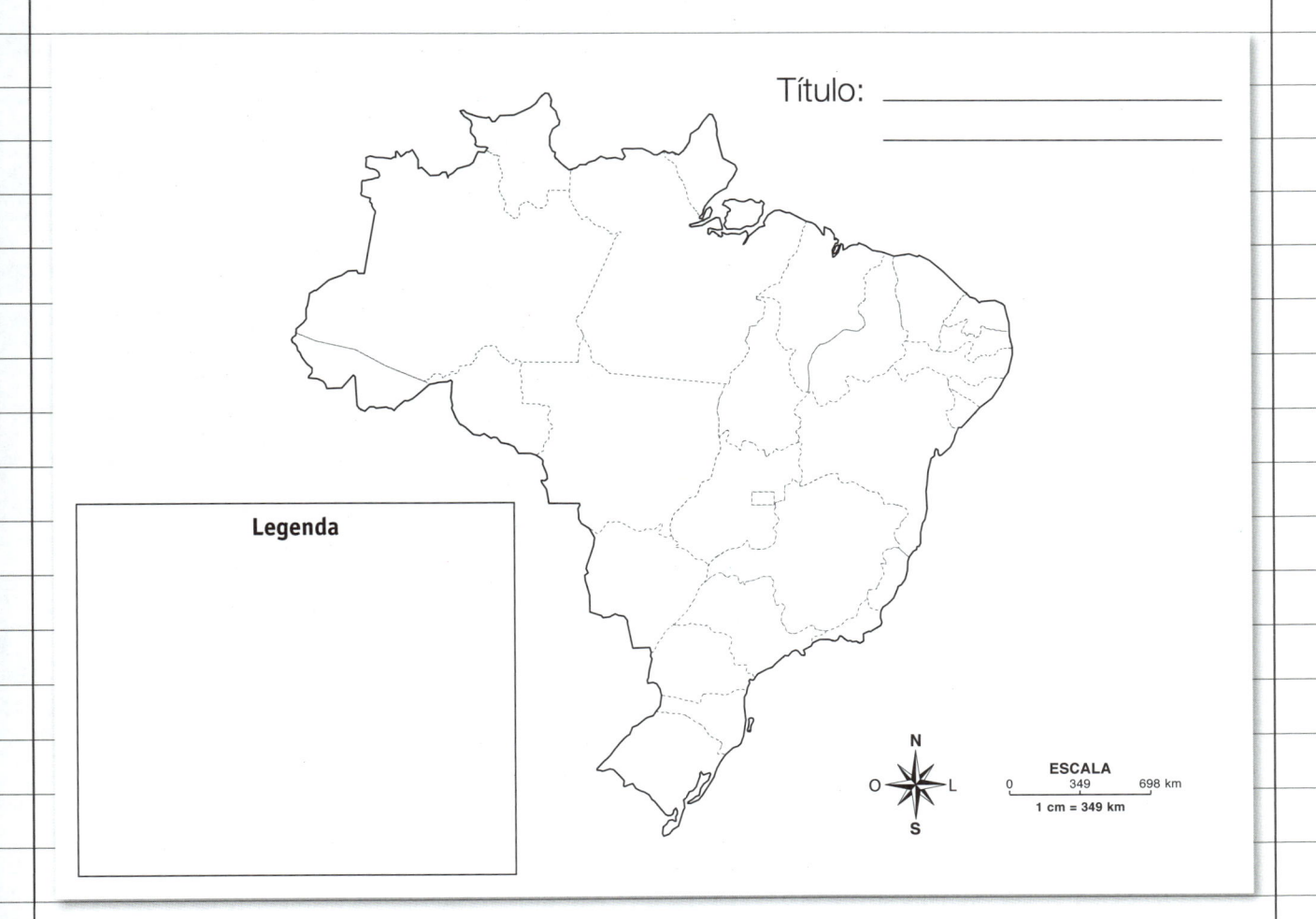

Título: _____

**Legenda**

ESCALA
0    349    698 km
1 cm = 349 km

a) Contorne a região onde você vive, delimitando-a.

b) Identifique seus estados e capitais.

c) Faça a localização da produção extrativa mineral.

d) Sugestão de legenda:

FERRO  ESTANHO  SAL MARINHO
OURO  ALUMÍNIO  PETRÓLEO
DIAMANTE  MANGANÊS  CARVÃO MINERAL

e) Escolha um título para o mapa.

## 15. A indústria

Até 1822, quando o Brasil era colônia de Portugal, nossa indústria transformativa era pouco numerosa e pouco diversificada. As nossas principais indústrias eram:

- os engenhos de açúcar;
- as fábricas de tecidos;
- os estaleiros de construção naval;
- as fábricas de produtos alimentícios;
- algumas fundições;
- as pequenas fábricas de aguardente.

O primeiro arranque industrial no Brasil só aconteceu nas últimas décadas do século XIX.

A existência de recursos econômicos e a presença de imigrantes foram os fatores que mais contribuíram para o crescimento industrial naquela época.

Na primeira metade do século XX, as duas grandes guerras, a produção de carvão mineral, a crise econômica de 1929, a descoberta e a exploração de petróleo possibilitaram novos avanços industriais, como a implantação de duas grandes usinas siderúrgicas:

- a Companhia Siderúrgica Belgo-Mineira, criada durante a Primeira Guerra Mundial (1917), em Sabará, Minas Gerais;
- a Companhia Siderúrgica Nacional, criada durante a Segunda Guerra Mundial (1941), em Volta Redonda, no Rio de Janeiro.

Indústria têxtil na década de 1930, em Jaraguá do Sul, Santa Catarina.

Arquivo Histórico Municipal de Jaraguá do Sul

**1.** Leia o texto sobre a indústria brasileira e complete o quadro a seguir.

| Período | Características industriais | Fatores que influenciaram |
|---|---|---|
|  |  |  |
|  |  |  |
|  |  |  |

**2.** Quais foram as primeiras indústrias brasileiras?

**3.** Quais foram as primeiras indústrias de base brasileiras? Localize-as.

A autorização para a entrada de capitais estrangeiros no Brasil (1953) e outras medidas governamentais possibilitaram o grande surto industrial nos "anos JK".

> **Surto** – arranque, impulso.
> **Anos JK** – período de 1956 a 1960, quando o Brasil foi governado pelo presidente Juscelino Kubitschek de Oliveira.

Durante esse surto industrial desenvolveram-se os setores automobilístico, de siderurgia, de metalurgia e de mecânica geral.

Os progressos industriais iniciados nos anos 1950 estendem-se até os dias atuais. Hoje, a indústria brasileira, com mais de 520.000 estabelecimentos, constitui o maior parque industrial de toda a América Latina.

A região Sudeste produz cerca de 55% do Produto Interno Bruto (PIB) e contribui com 64% do valor da transformação industrial no Brasil.

São Paulo, Rio de Janeiro, Minas Gerais, Rio Grande do Sul e Paraná, os estados mais industrializados do país, juntos, produzem 66% do Produto Interno Bruto do Brasil, gerando aproximadamente 3.770.000 milhões de reais.

O setor de **produtos alimentícios** lidera no número de estabelecimentos e na quantidade de pessoal ocupado nas indústrias.

O setor de **indústria química** é o que mais se destaca no valor da transformação industrial brasileira. Outros setores de destaque são o de material de transporte, de metalurgia, de vestuário, de calçados e artigos de tecido.

**4.** Leia o texto anterior e complete a cruzadinha a seguir.

1. Setor industrial desenvolvido pela política do presidente Juscelino Kubitschek.
2. Setor industrial desenvolvido no surto dos "anos JK".
3. Região mais industrializada do Brasil.
4. Setor que mais se destaca no valor da transformação industrial brasileira.
5. Segunda região mais industrializada do país.
6. Setor industrial desenvolvido com a entrada de capitais estrangeiros, na década de 1950.
7. Setor industrial criado no início do século XX e implementado no governo JK.
8. Setor industrial líder no número de estabelecimentos e na quantidade de pessoal ocupado.
9. Estado mais industrializado do país.

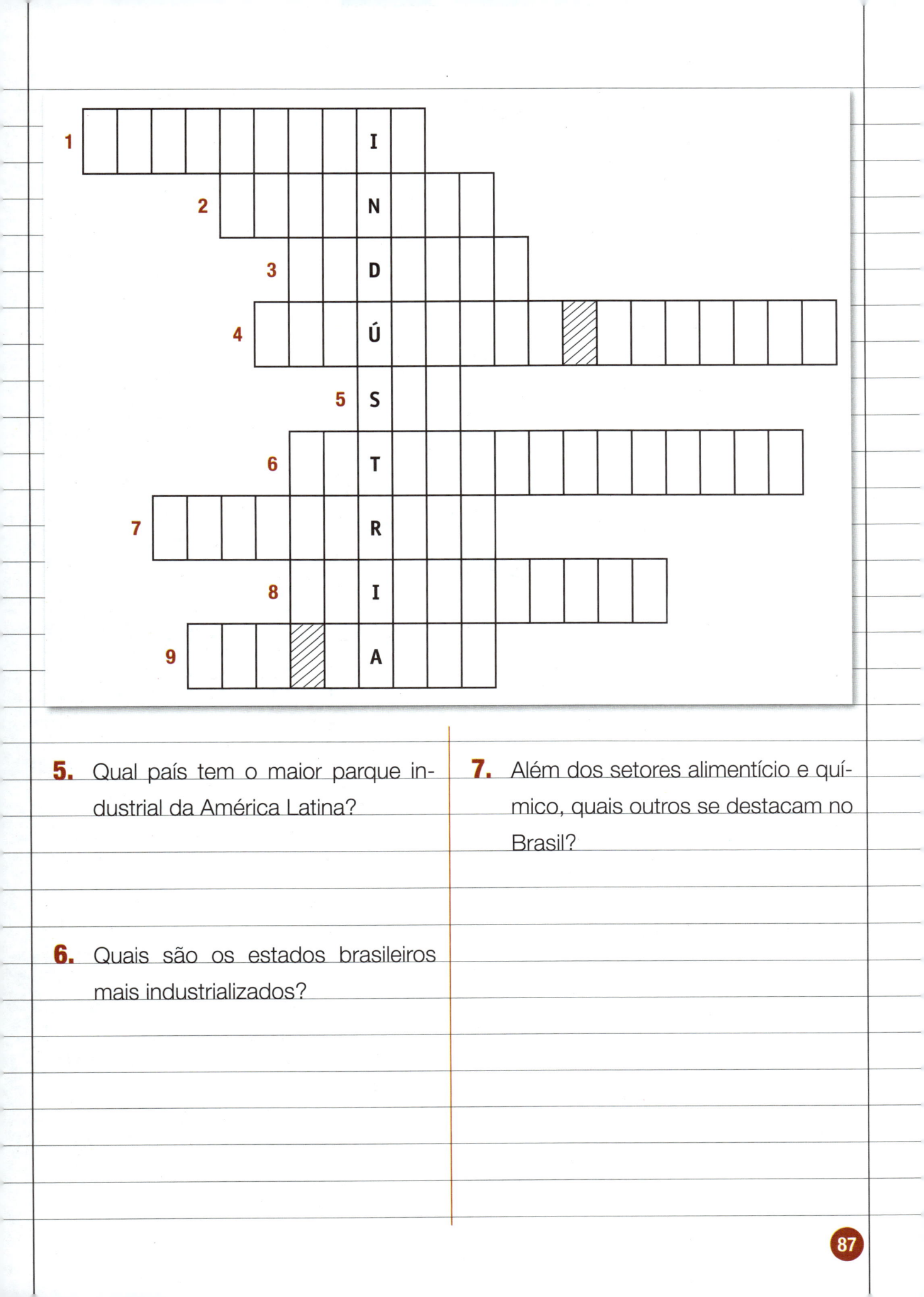

**5.** Qual país tem o maior parque industrial da América Latina?

**6.** Quais são os estados brasileiros mais industrializados?

**7.** Além dos setores alimentício e químico, quais outros se destacam no Brasil?

## 16. As concentrações industriais

**Brasil – Divisão regional e indústria**

**ENERGIA**
- ○ Hidroelétrica
- ○ Termoelétrica
- ○ Nuclear

**GÊNEROS DE INDÚSTRIAS**
- ⌴ Madeira e imobiliário
- ■ Produtos minerais não metálicos
- ♦ Metalúrgica
- ✎ Máquinas e equipamentos
- ⊞ Eletroeletrônica
- ● Automobilística
- ★ Aeroespacial
- ▼ Naval
- ▲ Papel e gráfica
- ⊸ Química
- — Produtos farmacêuticos
- ▼ Têxtil
- ✚ Agroindústria
- ⊥ Fumo
- ⋏ Couro e calçados

**ALTA TECNOLOGIA**
- ✦ Centro importante

ESCALA 0 – 275 – 550 km
1 cm = 275 km

Fonte: BARRETO, Maurício. *Atlas Geográfico Escolar*. São Paulo: Escala Educacional, 2008.

A determinação do local para se estabelecer uma fábrica era feita, normalmente, sem um planejamento geográfico de orientação governamental que visasse o bem comum da coletividade ou população.

Isso gerou grandes concentrações industriais que, hoje, em alguns casos, são sérios problemas para as populações das zonas urbanas.

Como exemplo, podemos citar a proximidade de diversos parques industriais de municípios vizinhos, que fez das cidades de São Paulo e do ABCD paulista – Santo André, São Bernardo do Campo, São Caetano do Sul e Diadema – um enorme complexo industrial, comparável aos maiores do mundo.

Atualmente, já sabendo de todos esses problemas trazidos com a concentração industrial desorientada, existem medidas governamentais que disciplinam a localização geográfica das indústrias.

Nas cidades, onde a administração pública já é bem planejada, as prefeituras reservam áreas de seus municípios para o confinamento industrial.

Hoje, boa parte da indústria brasileira está concentrada em centros ou distritos industriais que foram reservados para esse fim.

**1.** Leia o texto anterior, observe o mapa e, com a ajuda do Miniatlas, complete as frases a seguir.

Existe uma tendência a descentralizar a indústria das grandes cidades e os nossos distritos industriais mais recentes já se encontram fora das grandes cidades. Destacam-se os de:

a) Canoas, Novo Hamburgo e São Leopoldo, na Grande Porto Alegre, no _____ ;

b) Cubatão, Paulínia, São José dos Campos, Taubaté e das cidades do ABCD, no estado de _____ ;

c) Duque de Caxias e Volta Redonda, no estado do _____ ;

d) Aratu e Camaçari, no estado da _____ ;

**2.** Observe o mapa Brasil - Divisão regional e indústria e identifique a região de maior concentração industrial do país.

**3.** Quais são as regiões menos industrializadas?

**4.** Escreva as siglas dos estados e o nome das capitais de maior concentração industrial.

**5.** A região Nordeste abriga uma concentração industrial principalmente ao longo do _____, mas essa atividade é muito pouco desenvolvida no _____.

**6.** Descubra, pelo mapa, duas cidades do sertão nordestino com pequeno centro industrial. Identifique os estados.

**7.** Responda de acordo com a divisão regional do IBGE.
O oeste é a parte menos industrializada da região Sul, mas o litoral abriga importantes centros industriais. Identifique os estados e capitais dessa região.

**8.** Onde se localizam as principais áreas industriais da Amazônia?

**9.** Responda de acordo com a divisão regional do IBGE. Identifique as áreas industrializadas do Centro-Oeste.

**10.** Por que a região Sudeste concentra maior quantidade de indústrias?

---

Existem fatores que influenciam a localização das indústrias:
- o **capital** para aquisição do terreno, construção do prédio, compra de máquinas e matérias-primas;
- a **energia** para o funcionamento dos equipamentos, iluminação etc.;
- a **matéria-prima** para ser extraída ou transformada;
- a **mão de obra** quantitativa e qualitativa, isto é, um grande contingente de trabalhadores disponíveis e sua qualificação profissional;
- o **mercado consumidor** para que a mercadoria ou o produto possa ser vendido mais rapidamente e sem grandes custos;
- os **meios de transporte** para o deslocamento das matérias-primas, dos produtos e dos trabalhadores.

## 17. Os transportes

**Brasil – Vias de circulação**

- ✈ Aeroporto internacional
- • Aeroporto doméstico
- ⚓ Portos
- — Estradas pavimentadas
- — Hidovias
- ······ Ferrovias

Fonte: *Atlas Geográfico Escolar*. Rio de Janeiro: IBGE, 2009.

### As ferrovias brasileiras

A extensão da rede ferroviária brasileira era de apenas 29 mil quilômetros em 2010.

Para o tamanho do território brasileiro, essa extensão ferroviária é muito baixa. A nossa densidade ferroviária é inferior a quatro metros de ferrovia por quilômetro quadrado.

Essa densidade de cerca de 3,5 m/km2 fica ainda menor quando comparada com as densidades ferroviárias de outras regiões do globo, como, por exemplo, 38 m/km2 na Europa, 54 m/km2 nos Estados Unidos.

A rede ferroviária brasileira já foi mais extensa que a de hoje. Sua expansão foi bem rápida de 1870 a 1920, no período chamado de "era das ferrovias".

Mais tarde, com a expansão e concorrência das rodovias, nossas ferrovias estavam envelhecidas e antieconômicas. Algumas foram desativadas e, assim, a rede ferroviária foi reduzida.

1. Na época da grande produção e exportação de café e início da industrialização, foi dada uma significativa importância à ferrovia no Brasil. Identifique e nomeie esse período.

2. Observe o mapa Brasil - Vias de circulação e responda às questões a seguir.

   a) Coloque uma carga num trem de uma cidade com ferrovia e analise o destino mais distante possível dessa carga utilizando apenas a ferrovia. Escreva o nome das cidades que inicia e termina o trajeto.

   b) Acompanhe esse percurso pelo mapa e indique por quais capitais sua carga passou.

   c) Saindo de trem de São Paulo, é possível chegar a dois países sul-americanos. Descubra quais são.

   d) Localize no mapa alguma ferrovia que atende a região onde você mora ou a região mais próxima. Escreva qual é a ferrovia e onde se localiza.

3. A distribuição das ferrovias pelo espaço brasileiro teve como finalidade o escoamento de produtos até os portos, e não a integração nacional. Observe o mapa Brasil - Vias de circulação e descreva essa distribuição.

**4.** Atualmente, em que condições se encontra o transporte ferroviário no Brasil?

Hoje o Brasil possui mais de 1.600.000 quilômetros de rodovias, com pavimentação em cerca de 12% desse total.

A densidade rodoviária brasileira é de quase 187 m/km², bem maior que nossa densidade ferroviária. Entretanto, nas últimas décadas do século XX, nossas estradas ficaram em relativo abandono, estando em "segundo plano" nos investimentos governamentais.

No mau estado em que se encontram, seja por negligência, seja por falta de recursos, as rodovias brasileiras começaram a ser privatizadas ou concedidas por tempo determinado a empresas privadas, sendo que, expirado o prazo, as rodovias voltam para a administração do Estado.

**DESLOCAMENTO DE CARGA SEGUNDO O TIPO DE TRANSPORTE (ANO 2000)**

| País | Ferrovia | Rodovia | Hidrovia |
|---|---|---|---|
| Fed. Russa | 83% | 4% | 13% |
| França | 55% | 28% | 17% |
| EUA | 50% | 25% | 25% |
| Japão | 38% | 20% | 42% |
| Brasil | 22% | 64% | 14% |

Quanto ao controle político e administrativo, as rodovias brasileiras estão divididas em três tipos: federais (BR), estaduais (MG, PR, SP) e municipais.

### As rodovias brasileiras

O período de 1956 a 1960 foi marcado pela opção do governo brasileiro pelas rodovias. O então presidente Juscelino Kubitschek, disposto a "integrar" o Brasil e a estimular o consumo de automóveis, determinou a abertura de "um cruzeiro de estradas" cortando o Brasil dos quatro pontos cardeais ao centro de Brasília.

Naquela época, as florestas eram consideradas "mato" e representavam um obstáculo ao progresso. O surto desenvolvimentista do chamado governo JK foi acompanhado por uma devastação ecológica sem precedentes na história do Brasil.

**5.** Identifique as principais rodovias federais do Brasil.

a) A rodovia que se inicia na fronteira RS-Uruguai, cidade de Jaguarão, e termina em Fortaleza/CE.

b) Cite seis cidades importantes servidas por essa rodovia.

c) A rodovia que liga Porto Alegre/RS a Fortaleza/CE, pelo litoral.

d) Descubra o nome de doze cidades por onde passa essa rodovia.

e) A rodovia que começa no Recife/PE e atravessa a Amazônia.

f) Identifique cidades importantes que ela atravessa/atravessará e onde deverá terminar quando for concluída sua construção.

**6.** Faça a correspondência entre as rodovias e as regiões que elas integram.

a) Fortaleza-Belém

b) BR-116

c) BR-153, BR-163 e BR-364

d) BR-230

e) BR-70, Campo Grande-São Paulo, Brasília-São Paulo e Brasília-Rio de Janeiro.

( ) Nordeste, Sudeste e Sul

( ) Norte e Nordeste

( ) Norte e Centro-Oeste

( ) Centro-Oeste e Sudeste

( ) Nordeste e Norte

**Programa nacional do álcool (Pro-Álcool)**

O preço do petróleo (matéria-prima dos combustíveis de veículos automotores) é determinado pela Opep – Organização dos Países Exportadores de Petróleo (Arábia Saudita, Irã, Iraque, Kuwait, Venezuela, Catar, Indonésia, Líbia, Nigéria, Emirados Árabes Unidos e Argélia). Em momentos de crise, por exemplo, em função de conflitos no Oriente Médio, a produção pode cair, o controle sobre a distribuição pode tornar-se mais rigoroso e o preço, subir.

Em 1975, com a finalidade de desenvolver um substituto para a gasolina, o governo brasileiro criou o Pro-Álcool, investindo na produção do álcool (recurso renovável) que, além de substituir um derivado do petróleo importado, atenderia a outros objetivos sociais e econômicos: geração de novos empregos no campo, diminuição do êxodo rural, redução das disparidades regionais de renda, fortalecimento da indústria automobilística e da indústria de máquinas e equipamentos (construção e montagem de destilarias).

Na prática, apenas grandes projetos foram aprovados e financiados, formando latifúndios, expulsando os pequenos proprietários, ocupando terras antes destinadas à produção de alimentos e, pela intensa mecanização da lavoura de cana-de-açúcar, não ampliaram a oferta de empregos no campo.

Em consequência, houve concentração de renda nas mãos de poucos. A cana-de-açúcar foi favorecida em relação a outras culturas potencialmente produtoras de álcool (mandioca, por exemplo), trazendo consigo a poluição, o vinhoto (resíduo da destilação); e a expansão dessa lavoura encareceu os produtos alimentícios, empurrados para locais mais distantes dos centros consumidores e para terras menos férteis.

**7.** Enumere os benefícios que o Programa Nacional do Álcool (Pro-Álcool) deveria trazer ao país e à população.

**8.** Enumere os problemas que o Pró-Álcool trouxe ao país e à população.

Quanto à extensão de cais acostável, os maiores portos brasileiros são os seguintes:

Santos (SP), Porto Alegre (RS), Rio de Janeiro (RJ), Rio Grande (RS), Recife (PE), Paranaguá (PR), Vitória (ES), Salvador (BA), Belém (PA), Manaus (AM) e Fortaleza (CE).

> ***Cabotagem*** – *costeira; próxima à costa; navegação mercante entre portos de um mesmo país.*
> ***Graneleiros*** – *navios adequados ao transporte de cargas sólidas ou líquidas, armazenadas em porões, sem embalagens ou outros acondicionamentos.*

**9.** Leia o texto sobre as hidrovias brasileiras, observe o mapa Brasil - Vias de circulação e responda às questões a seguir.

a) Os portos fluviais de Manaus, Belém, Santarém, Rio Grande e Porto Alegre recebem navegação marítima, com navios de grande calado. Localize esses portos e escreva em que estados estão.

**As hidrovias brasileiras**

A navegação brasileira é praticada em hidrovias marinhas (longo curso e cabotagem) e de interior (trechos de rios e de lagos).

Mais de 86% de nossas embarcações são cargueiros, graneleiros e petroleiros.

Considerando a espécie de navegação, 80% de nossas embarcações são de navegação interior, 12% são de longo curso e 8% são de cabotagem.

b) Localize um porto fluvial de cada rio.

São Francisco –

Tocantins –

Paraguai –

Negro –

c) A região Norte utiliza com predominância o transporte fluvial. Localize dois portos no rio Amazonas.

d) Os portos marítimos brasileiros com maior movimento de carga são: Santos, Rio de Janeiro, Rio Grande, Paranaguá, Salvador e Recife. Localize-os no mapa e identifique seus estados.

e) Dê o nome do tipo de navegação:
- feita ao longo da costa

- que atravessa os oceanos

**10.** Observe o mapa "Brasil – Vias de circulação" e complete as frases a seguir:

a) Localize o porto Tubarão, no litoral do _____.
Até ele vai uma ferrovia que sai do estado de Minas Gerais e passa pelo Quadrilátero _____, levando, naturalmente, os _____ vendidos a outros países.

b) A malha paulista leva a produção de exportação de todo o interior de São Paulo até o porto de _____.

c) Outro corredor de exportação atravessa o estado do Paraná, transportando grãos e madeira para o porto de _____.

d) Outro corredor no _____ – Rio Grande.

e) O corredor de _____ é, portanto, um complexo que interliga rodovia, _____ e, quando possível, hidrovia para agilizar o processo de exportação.

f) Geralmente, os _____ ligados a esses corredores são especializados em determinados produtos.

**11.** Pesquise e escreva a sigla dos estados onde se localizam os seguintes portos:

a) Imbituba –

b) São Sebastião –

c) Ilhéus –

d) Paranaguá –

e) Cabedelo –

f) Angra dos Reis –

g) Laguna –

h) Santana –

i) Belém –

j) Itaqui –

k) Fortaleza –

l) Recife –

m) Salvador –

n) Tubarão –

o) Vitória –

p) Rio de Janeiro –

q) Santos –

r) Porto Alegre –

s) Rio Grande –

### As aerovias brasileiras

O transporte aéreo foi implantado e desenvolvido no Brasil graças a uma série de fatores, como:
- grande extensão territorial;
- extensa orla litorânea;
- modestas altitudes do relevo;
- predomínio de climas quentes;
- deficiências dos demais meios de transporte.

**Deficiências** – *faltas, insuficiências, falhas.*

A aviação comercial foi implantada no Brasil, em 1927, com a criação da Viação Aérea Rio-Grandense (Varig). Hoje existem outras grandes empresas de aviação.

Graças à localização geográfica de Brasília, nenhuma das capitais estaduais brasileiras tem distância superior a 2.500 km em relação à capital federal.

Com os progressos do transporte aéreo desenvolveu-se também a indústria de aeronáutica, com os empreendimentos da Empresa Brasileira de Aeronáutica (Embraer).

**12.** Leia o texto a seguir e classifique os principais aeroportos brasileiros por região. Pesquise em livros e na internet para conhecer os aeroportos da região Norte.

Os aeroportos brasileiros de maior movimento de passageiros, embarcados e desembarcados, são os seguintes:
- Guarulhos e Congonhas, em São Paulo (SP);
- Galeão e Santos Dumont, no Rio de Janeiro (RJ);
- Brasília, em Brasília (DF);
- Tancredo Neves e Pampulha, em Belo Horizonte (MG);
- Dois de Julho, em Salvador (BA);
- Salgado Filho, em Porto Alegre (RS);
- Guararapes, em Recife (PE);
- Afonso Pena, em Curitiba (PR);
- Brigadeiro Eduardo Gomes, em Manaus (AM);
- Pinto Martins, em Fortaleza (CE);
- Val-de-Cans, em Belém (PA).

| REGIÃO | AEROPORTOS MAIS MOVIMENTADOS DO BRASIL |
|---|---|
| Norte | |
| Sul | |
| Nordeste | |
| Sudeste | |
| Centro-Oeste | |

**13.** Escreva o nome do aeroporto mais próximo de sua casa.

# 18. As grandes regiões brasileiras

## OS GRANDES COMPLEXOS REGIONAIS

A região Norte é a de maior extensão e a de fronteira terrestre mais extensa.

A região Nordeste é a de maior número de estados e a de litoral mais extenso.

A região Centro-Oeste não tem litoral e é a única que se limita, internamente, com todas as demais regiões brasileiras. É nela que se encontra o Distrito Federal, com a cidade de Brasília, a nossa capital federal.

A região Sudeste é a mais populosa, a mais povoada e apresenta a economia mais desenvolvida do Brasil.

A região Sul é a de menor extensão e a de menor número de Unidades da Federação.

- NORTE 45,26%
- NORDESTE 18,25%
- CENTRO-OESTE 18,86%
- SUDESTE 10,86%
- SUL 6,77%

ESCALA
0   531   1.062 km
1 cm = 531 km

**Fonte**: *Brasil em números*. Rio de Janeiro: IBGE, 2002.

### Brasil - Divisão regional

**Fonte**: *Atlas Geográfico Escolar*. Rio de Janeiro: IBGE, 2002.

**1.** Complete o quadro a seguir com as Unidades da Federação de cada uma das cinco grandes regiões brasileiras.

> Dica: observe o mapa "Brasil-Político" no Miniatlas.

| DIVISÃO REGIONAL E POLÍTICA DO BRASIL |||| 
|---|---|---|---|
| Grande Região | Unidades da Federação |||
| | Sigla | Nome | Capital |
| Norte | | | |
| | | | |
| | | | |
| | | | |
| | | | |
| | | | |
| | | | |
| Nordeste | | | |
| | | | |
| | | | |
| | | | |
| | | | |
| | | | |
| | | | |
| | | | |
| | | | |
| Sudeste | | | |
| | | | |
| | | | |
| | | | |
| Sul | | | |
| | | | |
| | | | |
| Centro-Oeste | | | |
| | | | |
| | | | |
| | | | |

**2.** Compare o mapa da divisão regional do Brasil com os mapas do Miniatlas e responda às questões a seguir.

> Dica: consulte também os textos e mapas anteriores.

a) Qual é a superfície do território brasileiro?

b) Em quantas regiões o Brasil está dividido?

c) Com quantos países sul-americanos fazem fronteira as regiões brasileiras? Identifique-os.

Região Norte –

Região Nordeste –

Região Sudeste –

101

Região Sul –

Região Centro-Oeste –

d) Quais regiões brasileiras são cortadas pelos paralelos principais?

e) Qual é a região de maior e a de menor extensão territorial?

**3.** Resolva os testes a seguir.

a) Os estados do Espírito Santo, Maranhão e Paraná pertencem, respectivamente, às seguintes regiões brasileiras:
A – Sudeste, Norte, Sul.
B – Leste, Nordeste, Sudeste.
C – Leste, Sudeste, Centro-Oeste.
D – Nordeste, Norte, Sudeste.
E – Sudeste, Nordeste, Sul.

b) As duas regiões brasileiras totalmente dentro da zona tropical são:
A – Norte e Sul.
B – Norte e Centro-Oeste.
C – Sul e Sudeste.
D – Norte e Nordeste.
E – Nordeste e Sul.

c) A região brasileira que apresenta o maior número de estados é:
A – Nordeste, com oito estados.
B – Nordeste, com nove estados.
C – Centro-Oeste, com sete estados.
D – Norte, com dez estados.
E – Norte, com cinco estados.

d) Os dois estados situados totalmente dentro da zona subtropical são:
A – Santa Catarina e Paraná.
B – Acre e Amazonas.
C – Rio Grande do Sul e Santa Catarina.
D – Paraná e Rio Grande do Sul.
E – São Paulo e Mato Grosso do Sul.

**4.** Complete as frases a seguir.

a) A capital do Brasil está localizada na região _____ .

b) A região que se localiza quase inteiramente ao sul do Trópico de Capricórnio é a região _____ .

c) A região _____ não tem litoral.

d) A região _____ é constituída por quatro estados: _____, _____, _____ e _____ .

e) Fernando de Noronha pertence à região _____ .

**5.** Circule os estados que não são banhados pelo mar.

```
F L O R M P A R A M
A M B R A E M P R A
G I R O T N A R O V
E N C L O N Z U N I
M A T O G R O S S O
R S O R R E N R I O
O G C R O S A S Ã O
N E A I S D S N O R
D R N O S S P I A U
Ô A T R O R A I M A
N I I N D P A U L O
I S N T O E S T E R
A N S U S A C R E L
H I N O U B A H I A
J A N E L G O I Á S
```

**6.** Observe o mapa das regiões brasileiras e localize-se.

a) Identifique o estado onde você mora.

b) A que região ele pertence?

c) Quais são os outros estados de sua região?

d) Com quais regiões brasileiras sua região se limita?

e) Sua região tem fronteiras internacionais? Com quais países?

f) Que estados brasileiros têm fronteiras com o maior número de regiões?

## 19. Região Norte

**Relevo**

O relevo amazônico é constituído basicamente por terras baixas, com partes mais elevadas nas porções norte e sul, sendo, por isso, os grandes centros dispersores ou divisores de águas que limitam a gigantesca bacia hidrográfica do Amazonas. O que se convencionou chamar de planície Amazônica nada mais é do que um conjunto de baixos planaltos. A planície propriamente dita está restrita às regiões marginais aos rios, onde ocorre a sedimentação de detritos deixados após as grandes cheias. Essas regiões são denominadas **várzeas**.

Rio Carabinani, na bacia hidrográfica do Amazonas, a maior do mundo.

**1.** Leia o texto sobre o relevo da região Norte e responda às questões a seguir.

a) Qual é a maior região do Brasil e quais estados a constituem?

b) Como é constituído o relevo da Amazônia?

c) O que são várzeas?

**2.** Consulte o mapa político do Brasil no Miniatlas e cite as capitais da região Norte.

**3.** Com base no texto e no mapa Brasil – Destaques hidrográficos (Miniatlas), responda às questões a seguir.

a) Quais são os principais rios da bacia do Amazonas?

b) O que torna os rios amazônicos apropriados à navegação?

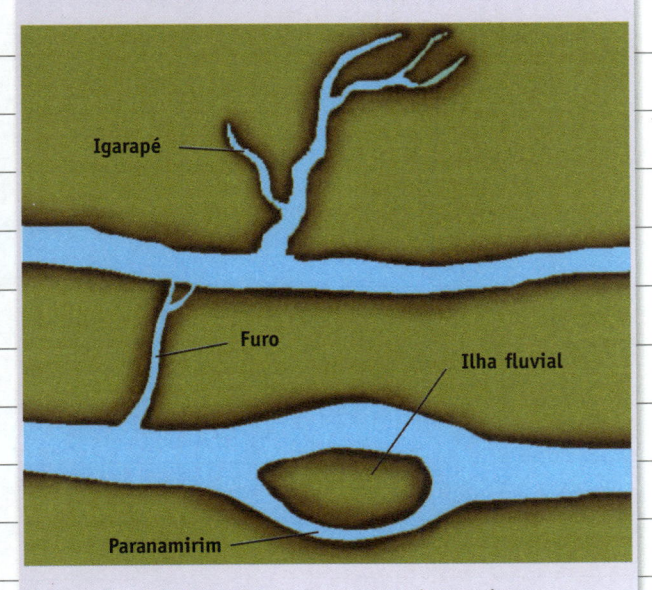

c) O que você entende por pororoca?

**Hidrografia**

A bacia do Amazonas é a mais rica do mundo em potencial hídrico. O Amazonas, principal rio da bacia, tem sua nascente na cordilheira dos Andes, no Peru. Por percorrerem grandes extensões de terras baixas e sem desníveis, os rios amazônicos são muito apropriados à navegação. Quando o rio está em cheia e a maré em alta, forma-se uma grande onda na foz do Amazonas que avança rio acima, chamada **pororoca**. As ilhas flutuantes que se deslocam com as águas do Amazonas, formadas por blocos de sedimentos que se desprenderam de terrenos marginais, são chamadas de **terras caídas**.

Igarapé
Furo
Ilha fluvial
Paranamirim

**Furos** são canais naturais que unem rios ou lagoas;
**Igarapés** são pequenos rios de navegação local;
**Paranamirins** são pequenos braços de rio que contornam as ilhas fluviais.

## Clima

As condições climáticas da Amazônia são um reflexo, principalmente, da posição geográfica e do relevo. O clima predominante é o **equatorial**, quente e úmido o ano todo. Na maior parte da região, não há uma estação fria definida, apenas ondas de frio que ocorrem geralmente em julho e têm duração de poucos dias. Essa situação é ocasionada pela penetração da massa de ar **polar atlântica** e é conhecida como "friagem".

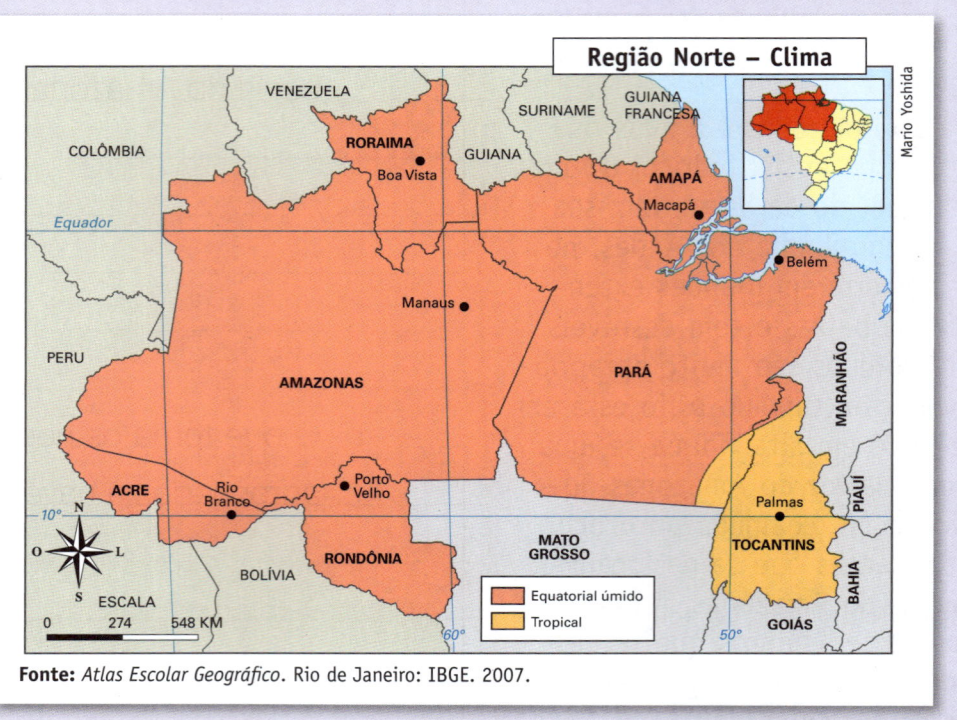

**Região Norte – Clima**

Fonte: *Atlas Escolar Geográfico*. Rio de Janeiro: IBGE. 2007.

**4.** Baseado no texto sobre o clima da Amazônia, responda às questões a seguir.

a) O que determina as condições climáticas da região?

b) O que você entende por "friagem"?

**5.** Observe o mapa "Região Norte – Clima" e identifique as áreas de ocorrência de cada tipo de clima, completando as frases a seguir.

a) O clima equatorial ocorre

b) O clima tropical tem como característica duas estações bem definidas, seca no inverno e na primavera e chuvosa no verão e no outono. Ocorre

### Vegetação

A vegetação predominante, que reflete as condições do clima, é a floresta equatorial, com a mata de igapó (caá-igapó), a mata de várzea e a mata de terra firme (caá-etê).

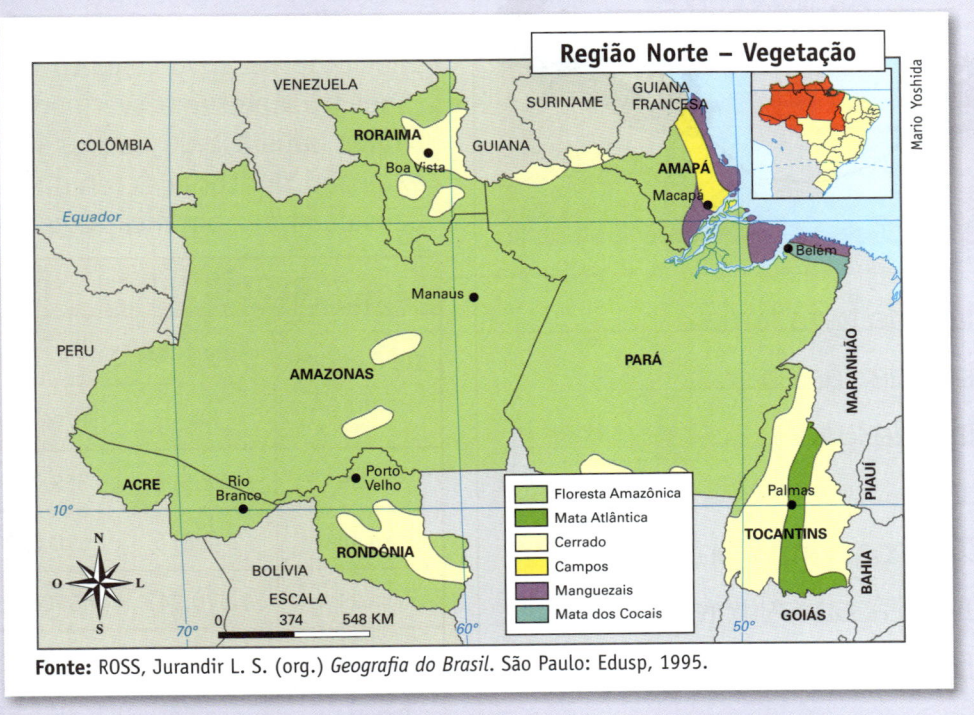

**Região Norte – Vegetação**

Fonte: ROSS, Jurandir L. S. (org.) *Geografia do Brasil*. São Paulo: Edusp, 1995.

**6.** Além da paisagem florestal, a Amazônia apresenta outros tipos de vegetação. Observe o mapa "Região Norte – Vegetação" e identifique os tipos de ocorrência das seguintes regiões:

a) Ilha de Marajó.

b) Amapá e Rondônia.

c) Tocantins.

( ) Ocorre nas partes mais elevadas; nela a densidade florestal é menor, e espécies como a castanheira e as madeiras de lei são os grandes destaques.

**7.** Observe a figura e faça a correspondência.

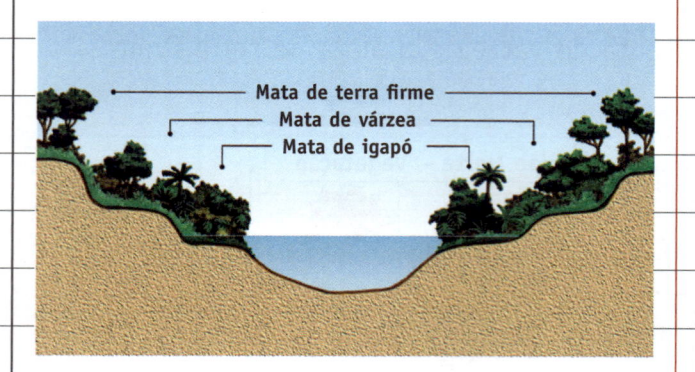

*Mata de terra firme*
*Mata de várzea*
*Mata de igapó*

a) Mata de terra firme
b) Mata de várzea
c) Mata de igapó

( ) Troncos permanentemente dentro d'água. A floresta chega a ficar submersa nos períodos de cheias.

( ) Ocorre nos trechos marginais aos rios, região periodicamente inundada pelas cheias. É uma zona de sedimentação recente, onde é comum a presença de seringueiras.

## População

A composição étnica da Amazônia é basicamente cabocla ou mameluca (parda), representada pela mestiçagem índio-branco. No entanto, a região passa por um processo relativamente recente de ocupação branca, que começou a se intensificar com a criação da Superintendência do Desenvolvimento da Amazônia (Sudam). Apresenta-se como a região menos populosa do país, e sua grande extensão territorial determina uma baixa densidade demográfica regional.

| REGIÃO NORTE – 2010 | | | |
|---|---|---|---|
| Unidade da federação | Área total | População | |
| | Km² | Absoluta | Hab./km² |
| Acre | 152.522 | 758.786 | 4,9 |
| Amapá | 142.816 | 698.602 | 4,8 |
| Amazonas | 1.570.947 | 3.590.985 | 2,2 |
| Pará | 1.247.703 | 7.792.561 | 6,2 |
| Rondônia | 237.565 | 1.590.011 | 6,9 |
| Roraima | 224.118 | 469.524 | 2,0 |
| Tocantins | 277.298 | 1.417.694 | 5,1 |
| Total regional | 3.852.968 | 16.318.163 | 4,3 |

**Fonte:** IBGE, 2010.

**8.** Com base no texto sobre a população da Amazônia e na tabela anterior, responda às questões.

a) Qual é o estado mais populoso da região?

b) Complete a frase: O estado de _____ é a unidade de menor população regional.

> A maior facilidade de aquisição de terras para o cultivo, a construção de novas estradas e os incentivos governamentais têm funcionado como atrativos para a ocupação da Amazônia.

**9.** Com base no texto acima, explique como o governo procura estimular a ocupação da Amazônia.

> Podemos encontrar hoje na região uma certa quantidade de imigrantes estrangeiros, representados principalmente pelos sírio-libaneses e japoneses. Os primeiros são dedicados mais ao comércio local, e os segundos, ao cultivo de juta e pimenta-do-reino na região de Tomé-Açu, no Pará. A criação da Superintendência da Zona Franca de Manaus (Sufama) e o incentivo à industrialização que Belém passou a receber estimularam o êxodo rural da região.

**10.** Com base no texto acima, responda às seguintes questões.

a) O que estimulou a vinda dos imigrantes estrangeiros para a região?

b) A população rural amazônica, que era dominante até a década de 1970, passou a experimentar o fenômeno da urbanização. Por quê?

### Recursos econômicos

A Amazônia tem sua base econômica no extrativismo vegetal e mineral.

### Extração vegetal

A floresta fornece uma grande quantidade de madeiras de lei, que são muito utilizadas na construção de embarcações e de habitações da região, além de serem exportadas.

#### EXTRAÇÃO VEGETAL BRASILEIRA

| Tipo de produto | Espécies | Maiores produtores |
|---|---|---|
| Madeira | toras | PA-MT-RO-BA |
|  | lenha | BA-CE-PA-MA |
|  | carvão | MA-MS-MG-PI |
| Alimentício | açaí | PA-MA-AM |
|  | erva-mate | PR-SC-RS-PA |
|  | castanha-do-pará | AM-AC-PA |
|  | palmito | PA-RO-MT |
| Oleaginoso | babaçu | MA-PI-TO |
| Borracha | hévea (látex) | AM-AC-RO-AP |
| Cera | carnaúba | CE-RN-MA |
| Fibra | piaçava | BA-AM |
| Goma | maçaranduba | AM |
| Aromático, medicinal e corante | jaborandi | MA-PA |
|  | urucum | MG-PE |
| Tanante | angico | BA-PE-AL |
|  | barbatimão | BA |

**Fonte:** *Produção da extração vegetal e da silvicultura.* Rio de Janeiro: IBGE, 2010.

**11.** A extração vegetal é uma das mais importantes atividades econômicas da região Norte. Consulte o quadro anterior e complete a frase.

A borracha, extraída da seringueira e do caucho, é a maior riqueza vegetal da Amazônia. Ela é extraída principalmente nos estados do

### Extração animal

A pesca da tartaruga, do pirarucu, do tucunaré e do peixe-boi é a principal fonte de alimentação do amazonense. Essa extração e sua comercialização representam importante papel na economia regional.

**12.** Observe no Miniatlas as fronteiras da região amazônica e diga em quais estados da região o camarão e o atum são pescados no mar, servindo a Amazônia e outras regiões.

### Extração mineral

O manganês, encontrado na serra dos Carajás, no Pará, é uma das principais riquezas minerais da região Norte. A segunda maior reserva brasileira de minério de ferro também está na serra dos Carajás. A bauxita (alumínio) e o ouro do Pará, mais a cassiterita (estanho) de Rondônia e do Amazonas são também importantes riquezas minerais da Amazônia.

**13.** Com base no texto anterior, responda às questões.

a) Qual é o estado mais importante na extração mineral da região Norte?

b) Relacione as colunas com setas.

manganês      Amazonas
ouro      Rondônia
bauxita      Pará
ferro      Roraima
cassiterita      Acre

### Agricultura e pecuária

Na roça, o caboclo planta para sua subsistência. Nos estados do Pará, de Rondônia e do Acre, é desenvolvida uma agricultura comercial de juta, pimenta-do-reino, malva, cacau e guaraná; introduzida pelos imigrantes japoneses, cujos produtos são comercializados dentro e fora do país.

O maior rebanho é o de gado bovino (crioulo), criado de forma extensiva e destinado ao corte, nos estados do Pará, de Rondônia, de Roraima, do Tocantins e do Amapá.

Nas enchentes, é comum os criadores de gado colocarem os animais em currais flutuantes ou elevados, chamados **marombas**. A ilha de Marajó concentra o maior rebanho de búfalos do país.

**14.** Coloque **S** para os produtos da agricultura de subsistência e **C** para os comerciais.

a) ( ) arroz      g) ( ) pimenta-do-reino
b) ( ) juta      h) ( ) malva
c) ( ) feijão      i) ( ) milho
d) ( ) mandioca      j) ( ) cacau
e) ( ) melão      k) ( ) banana
f) ( ) guaraná      l) ( ) abacate

**15.** Responda às questões a seguir.

a) Os dois maiores centros industriais da Amazônia, onde os produtos têxteis, alimentícios e de madeira se desenvolvem, ao lado de multinacionais, estão nas duas capitais mais populosas da região. Quais são elas?

b) A atividade industrial desenvolve-se incentivada por órgãos governamentais, dependendo principalmente da energia gerada pela usina hidrelétrica construída no rio Tocantins. Identifique essa usina no Miniatlas.

c) A Siderúrgica da Amazônia (Siderama), a Companhia de Petróleo da Amazônia (Copam) e as hidrelétricas, que têm assegurado a expansão industrial na região, são exemplos de que tipo de indústria?

d) Identifique no Miniatlas a cidade portuária que é um dos maiores centros industriais e o maior centro de exportação e importação na região.

e) Qual é a via de transporte mais utilizada na região Norte?

## 20. Região Nordeste

A região Nordeste corresponde a 18% do território brasileiro e abrange nove estados, todos litorâneos, concentrando quase metade do litoral brasileiro.

**1.** Consulte o Miniatlas e responda às questões.

a) Quais estados constituem a região Nordeste?

b) Qual é a única capital nordestina que não está situada no litoral?

c) Qual capital está situada numa ilha?

d) Qual é o estado que possui menor litoral?

e) Qual é o estado nordestino que tem limites com cinco estados brasileiros?

f) Qual é o estado nordestino que tem limites mais extensos com a região Norte?

### Relevo

O relevo nordestino é caracterizado basicamente por uma paisagem de depressão e planaltos, na qual se destacam cinco grandes unidades.

**2.** Relacione os números do mapa com as unidades do relevo.

**Região Nordeste - Relevo**

Fonte: ROSS, Jurandir L. S. (org.) *Geografia do Brasil*. São Paulo: Edusp, 1995.

( ) Planaltos e Serras do Atlântico-Leste-Sudeste, que caracterizam a parte meridional da região e apresentam o pico culminante de todo o Nordeste, o pico das Almas.

( ) Planalto da Borborema, onde aparece o pico de Jabre.

( ) Depressão Sertaneja e do São Francisco: aparece na porção centro-oriental da região, sendo constituída predominantemente por terrenos cristalinos.

( ) Planícies e tabuleiros litorâneos, onde aparecem as planícies aluviais, as praias, as dunas, os mangues, as restingas e os recifes.

( ) Planaltos e chapadas da bacia do Parnaíba: ocupam a porção centro-ocidental do Nordeste, onde são comuns os terrenos sedimentares antigos.

### Hidrografia

O clima tem influência direta na rede hidrográfica. Podemos encontrar rios perenes na Zona da Mata e Meio-Norte e rios temporários no Sertão.

**3.** Responda às seguintes questões.

a) Identifique as três bacias fluviais que se destacam na região Nordeste.

b) Identifique no Miniatlas quais estados nordestinos são banhados pela bacia do São Francisco.

c) Em qual rio de planalto estão as hidrelétricas de Sobradinho, Paulo Afonso, Xingó, Moxotó e Itaparica, que abastecem de energia a maior parte da região?

d) O rio São Francisco, ou Velho Chico, recebe ainda outras denominações: rio dos Currais, pela tradição das atividades criatórias de gado no seu vale, rio Nilo Brasileiro, pela ocupação de seu leito fértil durante o período de estiagem pela agricultura de vazante, e rio da Unidade Nacional, por unir duas grandes regiões brasileiras através de seu curso navegável. Quais são elas?

e) O rio São Francisco é perene, isto é, nunca seca, pelo fato de suas nascentes se localizarem em regiões úmidas. Em qual estado brasileiro localiza-se a serra da Canastra, onde estão as nascentes do Velho Chico?

### Clima

O **clima tropical** apresenta características bem variadas dentro do Nordeste, determinando a existência de três sub-regiões que diferem também pela vegetação, pela população e pelas situações econômico-sociais.

**Sertão nordestino**

É o interior semiárido, onde as temperaturas são bastante elevadas e as chuvas bem escassas e irregulares, provocando períodos de seca prolongados.

**Zona da Mata**

É a fachada úmida litorânea. Nesse local, os totais de chuvas são elevados, com predominância do período chuvoso no outono e no inverno.

**Agreste**

É uma região intermediária entre a Zona da Mata e o Sertão, junto ao planalto da Borborema.

**Meio-Norte**

É a zona física de transição entre a Amazônia e o Nordeste. As características climáticas são de temperaturas elevadas e alta pluviosidade.

**4.** Resolva os exercícios abaixo.

a) Identifique no mapa do capítulo 4 os tipos de clima da região Nordeste.

b) Em que zona climática localiza-se a maior parte das capitais nordestinas?

c) Relacione as sub-regiões com os tipos de clima:

A – Equatorial subúmido

B – Tropical

C – Semiárido

( ) O Sertão Nordestino é o interior, onde as temperaturas são elevadas. As chuvas escassas e irregulares, quando ocorrem, são concentradas no verão, período denominado inverno pelos sertanejos nordestinos. A escarpa da Borborema barra a umidade trazida pelos ventos no chamado Polígono das Secas.

( ) O Agreste é uma zona de transição entre a Zona da Mata e o Sertão, aparecendo basicamente junto ao planalto da Borborema.

( ) O Meio-Norte é a zona física de transição entre a Amazônia e o Nordeste, onde as temperaturas são elevadas e a pluviosidade é alta.

**Região Nordeste – Vegetação original**

Legenda:
- Floresta equatorial
- Mata Atlântica
- Mata dos Cocais
- Cerrado
- Caatinga
- Mangues e Dunas

ESCALA: 0 — 164 — 328 km
1 cm = 164 km

Fonte: *Atlas Geográfico Escolar*. Rio de Janeiro: IBGE, 2007.

**5.** Responda às questões a seguir.

a) Qual é a vegetação predominante na maioria dos estados nordestinos?

b) Que estado nordestino tem vegetação e clima equatoriais, característicos da região Norte?

**6.** Complete as frases com os tipos de domínios.

No Sertão Nordestino predomina a _____, onde são encontradas muitas cactáceas (facheiro, xique-xique, mandacaru) e algumas espécies arbóreas. Trata-se de uma vegetação xerófita, pois está adaptada ao ambiente semiárido.

As carnaúbas e as palmeiras de babaçu e oiticica são encontradas nas regiões de várzea, no Maranhão, no Piauí e no Ceará, onde constituem a _____.

**7.** Complete o quadro.

| CLIMA | DOMÍNIO | SUB--REGIÃO |
|---|---|---|
| Tropical (litorâneo) | | |
| | Cerrado | |
| | | Sertão |
| | Floresta Amazônica | |

**População**

A região Nordeste apresenta-se como a segunda região mais populosa e a terceira mais povoada do Brasil. O tipo dominante na região é o mestiço. Em razão das condições climáticas, históricas e econômicas, a população se concentra mais na faixa litorânea – na Zona da Mata e no Agreste –, e em densidades muito baixas em algumas porções do Sertão e do Meio-Norte.

**8.** Relacione os tipos mestiços com os grupos étnicos e o contexto histórico da região.

a) Caboclos   b) Cafuzos   c) Mulatos

( ) Miscigenação entre índios e negros, concentram-se principalmente no Maranhão, em grupos bem reduzidos.

( ) Miscigenação entre brancos e negros, concentram-se na Zona da Mata, onde foi intensa a introdução da mão de obra negra.

( ) Miscigenação entre índios e brancos, concentram-se predominantemente no interior, junto ao Agreste e ao Sertão, em razão das atividades econômicas, em especial a criação extensiva de gado.

> **Crescimento vegetativo**
>
> O crescimento da população nordestina é fruto do seu elevado **crescimento vegetativo**, apesar dos grandes movimentos migratórios de dispersão e da alta taxa de mortalidade que caracteriza a região. Também são numerosas as migrações dentro da região Nordeste:
> - **sazonais** → entre o Agreste e a Zona da Mata, para a colheita de cana;
> - **transumância** → entre o Sertão e a Zona da Mata, por fatores climáticos;
> - **êxodo rural** → do campo para as cidades mais importantes da região.

**9.** Interprete os gráficos a seguir.

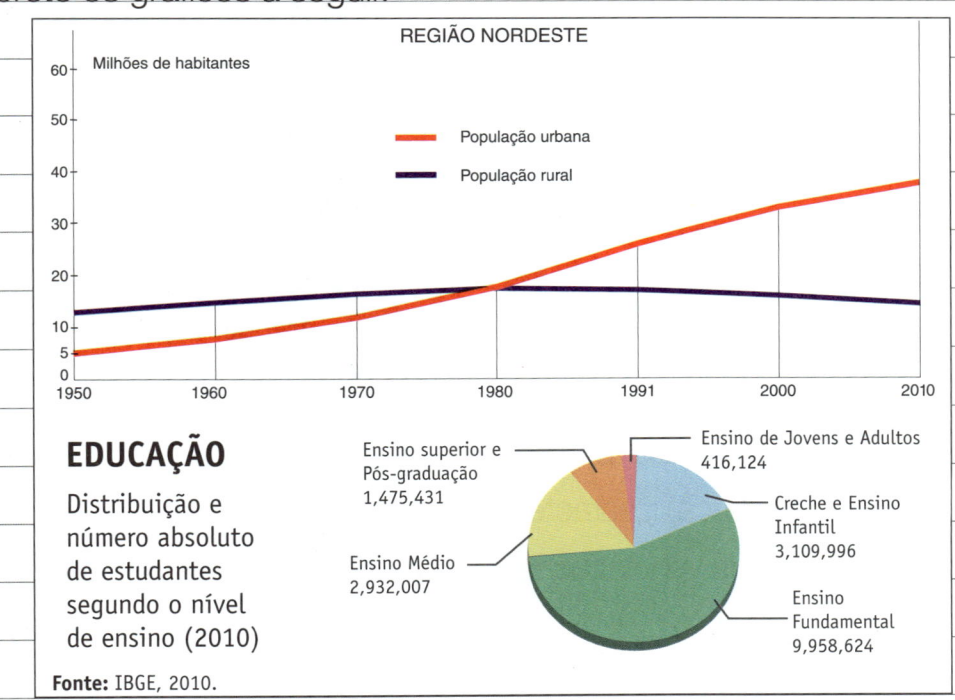

REGIÃO NORDESTE
Milhões de habitantes
População urbana
População rural
1950, 1960, 1970, 1980, 1991, 2000, 2010

**EDUCAÇÃO**
Distribuição e número absoluto de estudantes segundo o nível de ensino (2010)

- Ensino superior e Pós-graduação: 1.475.431
- Ensino Médio: 2.932.007
- Ensino de Jovens e Adultos: 416.124
- Creche e Ensino Infantil: 3.109.996
- Ensino Fundamental: 9.958.624

**Fonte:** IBGE, 2010.

**10.** Responda às questões.

a) Em quais estados nordestinos ocorre a extração do babaçu, industrializado principalmente no Sudeste, para suprir o mercado nacional de óleo?

b) A cera produzida pela carnaúba é quase integralmente exportada, pois o Brasil é o único produtor mundial. Quais são os três estados nordestinos responsáveis por sua exploração?

c) Em que tipo de vegetação característica do interior desses estados ocorre a extração da carnaúba?

d) Das praias, principalmente da Bahia, de Pernambuco, do Ceará e do Piauí, sai quase toda a produção de castanha-de-caju, característica de que tipo de vegetação?

e) Quase toda a piaçava extraída no Brasil vem dos tabuleiros do litoral de qual estado?

f) A lenha é obtida basicamente da vegetação arbustiva do cerrado, e a madeira de lei, da Mata Atlântica e da floresta Amazônica (Maranhão). Essa produção é altamente prejudicial ao meio ambiente, pois é realizada de forma predatória. Quais são os principais estados fornecedores de lenha da região?

Destacam-se, ainda, na região da caatinga, o licuri (BA), o caroá (BA, PE) e a oiticica (CE, RN).

**Extração animal**

Na extração animal da região Nordeste, destacam-se a apicultura e a pesca.

**Pesca**

A pesca marinha é de grande importância econômica na região, já que dos seus mares quentes é obtido o pescado fino, de grande valor comercial. Destacam-se os estados da Bahia, Maranhão, Ceará e Paraíba.

**11.** Qual é a importância dos estados nordestinos para a apicultura brasileira?

**Extração mineral**

A maior produção nacional de cromo (BA), gesso (PE) e tungstênio (RN) encontra-se na região Nordeste.

**12.** Responda às seguintes questões.

a) Qual estado nordestino é o maior produtor brasileiro de sal marinho?

b) O petróleo, assim como o gás natural, são importantes riquezas minerais do Nordeste, tanto no continente como na plataforma continental. Quais são os estados produtores da região?

Ocorre, ainda, extração de minério de ferro no Ceará e de cobre e manganês na Bahia.

**Agricultura e pecuária**

O aspecto mais importante da economia nordestina é a atividade agrária.

**13.** Complete as frases.

a) Historicamente produzida na região Nordeste, a _____ tem hoje sua maior produção no estado de _____. Produto de destaque nas exportações e no mercado interno como uma matéria-prima para a produção de álcool. O estado mais importante do Nordeste na produção de cana-de-açúcar é _____.

b) Novas culturas foram introduzidas nas sub-regiões _____, que, além de produzirem alimentos básicos como milho, mandioca, arroz, feijão, batata-doce, produzem também abacaxi, agave, fumo, tomate e algodão.

c) Em algumas regiões do Sertão, a agricultura de certos produtos, principalmente frutas, tem se tornado possível graças a novas técnicas de _____ que solucionam os problemas de seca prolongada na região.

d) O coco, no Nordeste, é cultivado em grandes extensões do litoral dos estados da _____, do _____ e de _____.

e) No Recôncavo Baiano, extensa e fértil região da Bahia, destacam-se as produções de mamona, mandioca e fumo. No vale do São Francisco, ocupando zonas ribeirinhas, plantam-se muita cebola, arroz e uva. Trata-se da _____, que aproveita, na estiagem, a fertilidade deixada pelo rio em parte do seu leito.

**14.** Complete:

a) A criação de gado é uma atividade tradicional no Sertão, onde é desenvolvida de maneira _____.

b) Os rebanhos mais numerosos na região Nordeste são: _____, gado de corte destinado ao mercado regional e pequena quantidade leiteira; _____, tem destaque na produção do Brasil, sendo a Bahia o seu principal criador; _____, mais de 90% desse rebanho acha-se concentrado na região Nordeste.

c) Na Bahia, concentram-se as criações de _____, _____, _____ e _____.

> **Indústria, comércio e transporte**
>
> Os setores têxtil e alimentar são ainda os mais importantes, acrescentando-se as indústrias de minerais não metálicos. Existem ainda indústrias intermediárias, como as de calçados e vestuários, mas são as de base que impulsionam o progresso industrial na região. As indústrias mais recentes estão localizadas nas regiões metropolitanas, que possuem melhor fornecimento de energia, água e transporte: Recife, Salvador e Fortaleza.

Atividade industrial em Camaçari, Bahia.

**15.** Em qual das quatro sub-regiões do Nordeste você imagina que estão os maiores polos industriais? Por quê?

## 21. Região Sudeste

A região Sudeste ocupa 11% do espaço geográfico brasileiro. É formada pelos estados de Minas Gerais, São Paulo, Espírito Santo e Rio de Janeiro.

1. Consulte o Miniatlas e responda às seguintes questões.

   a) Quais são as capitais litorâneas da região Sudeste?

   b) Qual capital é atravessada pelo Trópico de Capricórnio?

   c) Qual é a capital do estado da região Sudeste que não é banhado pelo oceano?

### Relevo

Altos planaltos de terrenos cristalinos caracterizam a maior parte do relevo do Sudeste, marcado pela presença dos planaltos e serras do Atlântico-Leste-Sudeste, que constituem o conjunto das maiores altitudes do relevo brasileiro. Esse fato influencia a disposição de sua rede hidrográfica e seus climas.

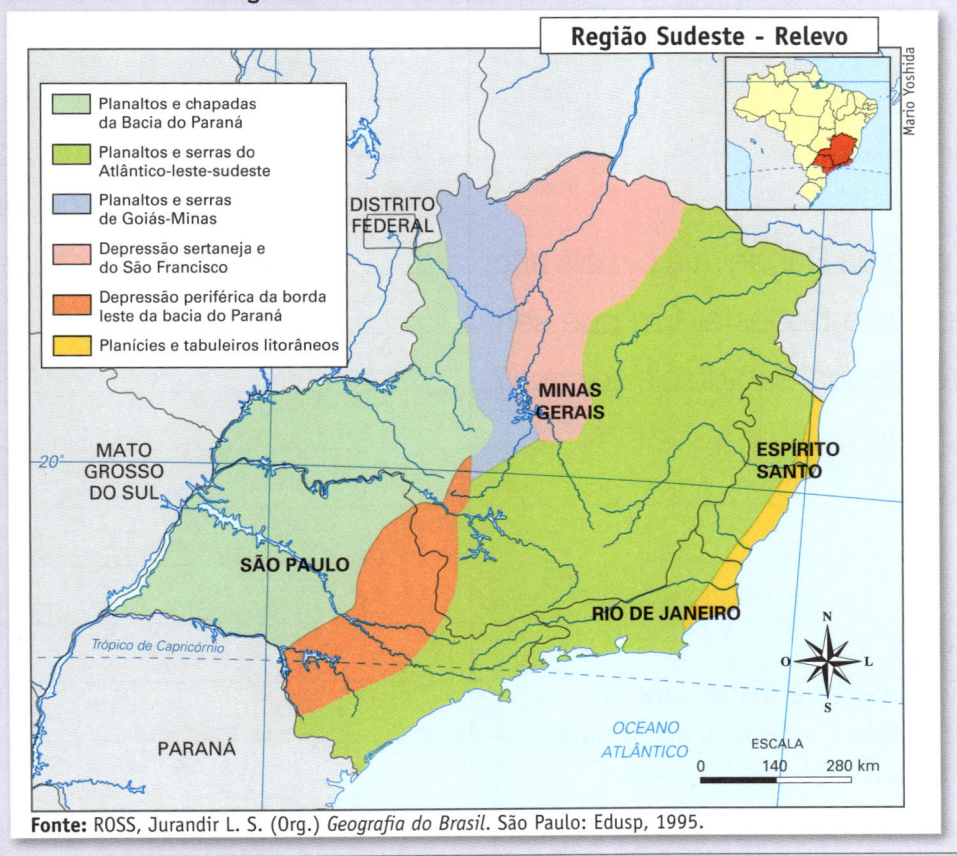

**Região Sudeste - Relevo**

Legenda:
- Planaltos e chapadas da Bacia do Paraná
- Planaltos e serras do Atlântico-leste-sudeste
- Planaltos e serras de Goiás-Minas
- Depressão sertaneja e do São Francisco
- Depressão periférica da borda leste da bacia do Paraná
- Planícies e tabuleiros litorâneos

**Fonte:** ROSS, Jurandir L. S. (Org.) *Geografia do Brasil*. São Paulo: Edusp, 1995.

**2.** Com base no mapa anterior, responda às seguintes questões.

> As suas principais bacias fluviais são a do **Paraná** e a do **São Francisco**. Os rios Jequitinhonha, Doce, Paraíba do Sul e Ribeira de Iguape constituem bacias fluviais secundárias.

a) Quais são as principais unidades do revelo no Sudeste?

**3.** Com base no texto anterior e pesquisando em livros e na internet, responda às seguintes questões.

a) O que determina a condição dispersora de águas da região Sudeste?

b) Dos três planaltos presentes na região Sudeste, qual deles ocupa maior extensão?

b) O que determina o grande potencial hidrelétrico da bacia do Paraná?

c) O pico da Bandeira é o mais alto da região Sudeste. Em que serra e em qual estado ele se situa?

> **Hidrografia**
> A região Sudeste é dispersora de águas, abrigando nascentes de grandes rios brasileiros.

c) No seu curso, dentro da região Sudeste, o rio São Francisco apresenta uma usina hidrelétrica, responsável pelo abastecimento da Grande Belo Horizonte. Identifique-a.

d) Que rio divide ao meio o estado do Espírito Santo?

e) Quais são os dois rios que contêm o maior número de hidrelétricas?

**Clima**
A configuração do relevo ameniza as temperaturas e influencia diretamente na circulação das massas de ar **tropical atlântica** e **polar atlântica**, que atuam na região causando instabilidades.

**4.** Com base no texto anterior, responda às seguintes questões.

a) Qual massa de ar, quente e úmida, predomina na região Sudeste na maior parte do ano, principalmente na faixa litorânea, provocando chuvas?

b) Qual clima, predominante na região, aparece associado aos trechos elevados do relevo e se caracteriza por verões mais brandos e invernos mais rigorosos, além de maiores precipitações no verão?

c) Qual massa de ar age predominantemente no inverno, causando queda das temperaturas com ondas de frio?

d) Qual tipo de clima ocorre abaixo do trópico de Capricórnio, tem temperatura média em torno de 19 °C, com clima regular e estações bem definidas?

e) Identifique o tipo de clima quente e seco que se aproxima do norte e nordeste de Minas Gerais, limite meridional do Polígono das Secas, que se inicia e predomina no Sertão do Nordeste.

f) Qual é o tipo de clima que ocorre na maior extensão da região Sudeste, com verão chuvoso e inverno muito seco?

### Vegetação

A **Mata Atlântica**, que cobria toda a faixa litorânea, ocorre atualmente apenas como "manchas" na região. Essa **floresta tropical**, rica em madeiras de lei, foi devastada pela expansão das atividades agrárias e pela ocupação humana.

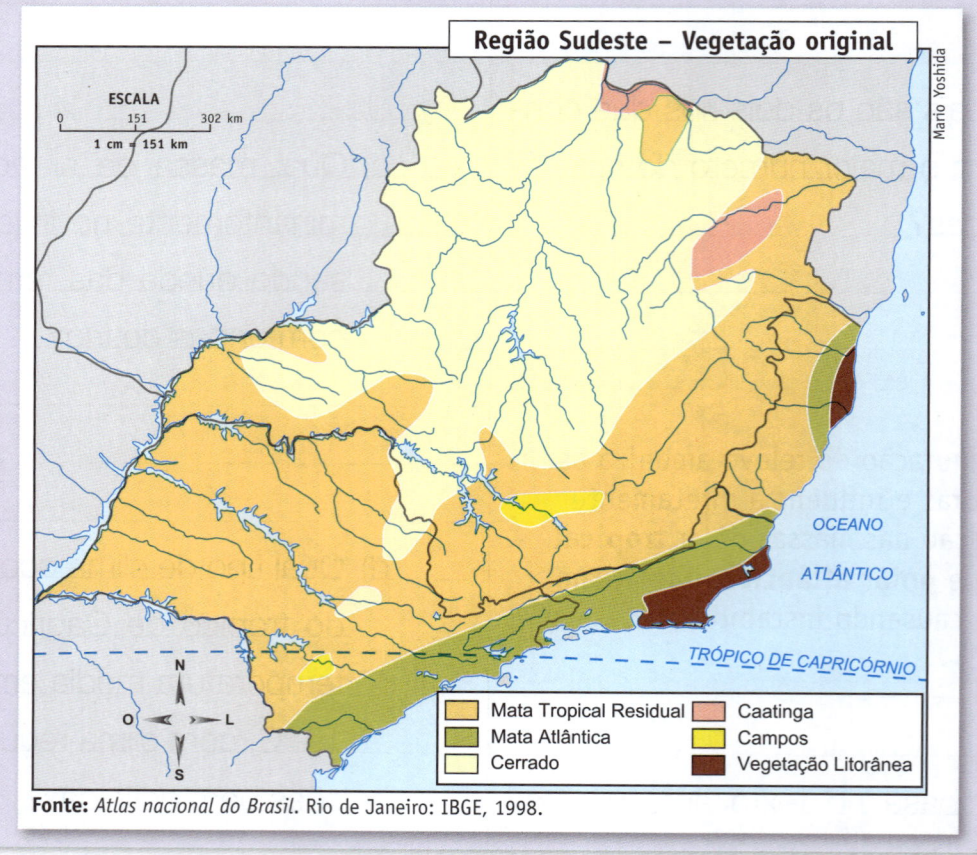

**Região Sudeste – Vegetação original**

Fonte: *Atlas nacional do Brasil*. Rio de Janeiro: IBGE, 1998.

**5.** Baseado no mapa de vegetação da região Sudeste, responda à questão a seguir.

• Qual tipo de vegetação ocupa a área onde se situam as seguintes capitais?

– São Paulo:

– Rio de Janeiro:

– Vitória:

– Belo Horizonte:

### População

A riqueza gerada pelo café contribuiu para o estabelecimento da **indústria**, que, com a **construção civil**, faz dessa região o maior polo de atração populacional de todo o país, criando nos grandes centros urbanos graves problemas sociais. Em razão das diferenças de desenvolvimento econômico entre os estados, há, dentro do próprio Sudeste, movimentos migratórios de atração e repulsão.

| REGIÃO SUDESTE – 2010 | | | |
|---|---|---|---|
| Unidade da Federação | Área total (km²) | População | |
| | | Absoluta | Hab./km² |
| Espírito Santo | 46.047 | 3.514.952 | 76,3 |
| Minas Gerais | 586.552 | 19.597.330 | 33,4 |
| Rio de Janeiro | 43.797 | 15.989.929 | 365,0 |
| São Paulo | 248.177 | 41.262.199 | 166,2 |
| Total regional | 924.574 | 76.849.458 | 83,1 |

**Fonte:** IBGE, 2010.

**6.** Com base no texto e nos capítulos sobre a população brasileira, responda às seguintes questões.

a) Qual região é a mais populosa e povoada de todo o Brasil?

b) Além do crescimento vegetativo, outro fator é responsável pelo crescimento populacional da região. Identifique-o.

c) Qual estado concentra mais da metade da população da região Sudeste?

d) Qual é o estado menos povoado da região?

e) Qual é o estado de maior densidade demográfica?

f) Qual é o estado menos populoso?

g) Quais são os principais fatores que influenciam a intensa urbanização da região Sudeste?

**Sericicultura e pesca**

A sericicultura é a criação do bicho-da-seda, visando a produção de casulos, do qual se extrai o fio da seda.

A pesca marinha, com grandes produções de pescado, é praticada nos estados de São Paulo e Rio de Janeiro.

**8.** O que é a sericicultura, praticada principalmente no estado de São Paulo?

**O desenvolvimento econômico**
**Extração vegetal**

Com toda a devastação já ocorrida em suas florestas, pouco resta ao Sudeste de riqueza vegetal nativa.

**Extração mineral**

Pelas condições geológicas regionais, o Sudeste tem um grande destaque nacional na exploração de minérios.

**9.** Responda às seguintes questões.

**7.** Por que a extração vegetal tem pequena representação na economia do Sudeste?

a) Como o desenvolvimento industrial, a estrutura da malha viária e o aparelhamento dos portos para o setor influenciam a exploração mineral na região?

b) Qual estado é o maior produtor de ferro da região Sudeste?

c) Além do ferro, do Quadrilátero Ferrífero, e do urânio, Minas Gerais se destaca pela produção de quais outros minérios?

d) O sal marinho é explorado em qual estado da região Sudeste?

e) As refinarias da região industrializam a maior parte do petróleo produzido no Brasil. Identifique os estados do Sudeste que se destacam na extração de petróleo.

**Agricultura e pecuária**

Os principais produtos que abastecem os grandes centros urbanos são: milho, arroz, feijão, batata e hortifrutigranjeiros. Para alimentar a indústria, a região desenvolve monoculturas de algodão, amendoim e cana-de-açúcar. E apresenta grande desenvolvimento nas lavouras comerciais de exportação, como café, soja e laranja. A pecuária de corte concentra-se no Triângulo Mineiro (formado pela confluência dos rios Grande e Para-naíba e as cidades de Uberaba e Uberlândia) e nos vales dos rios São Francisco e Doce, além do Oeste Paulista.

A pecuária leiteira é praticada principalmente no sudeste/sul mineiro, no Vale do Paraíba e no Oeste Paulista.

Plantação de café em Coromandel, Minas Gerais.

**10.** Baseado no texto anterior, responda às questões.

a) Qual estado do Sudeste destaca-se como principal produtor brasileiro de café, abacaxi e batata-inglesa?

b) Qual estado tem a maior produção nacional de cana-de-açúcar, caqui, laranja, cebola, limão, tomate, chá-da-índia, figo, abacate, goiaba, manga, tangerina, amendoim, borracha e sorgo granífero?

c) Qual estado é o maior produtor de leite da região Sudeste?

d) O maior rebanho do Sudeste é o de bovinos, seguido pelo de suínos, ambos encontrados principalmente em dois estados. Identifique-os.

e) Quais são os principais estados produtores de ovos na região?

f) Qual estado da região Sudeste é o maior criador brasileiro de codornas?

**Indústria, comércio e transporte**

Além dos centros industriais conhecidos, São Paulo tem apresentado, nos últimos anos, um fenômeno importante: a interiorização industrial. Hoje, várias cidades do interior paulista conhecem rápido desenvolvimento nesse setor, criando parques diversificados pelo estado.

O estado do Rio de Janeiro apresenta numerosas indústrias têxteis, metalúrgicas, alimentícias, de bebidas, mecânicas e químicas. Em Minas Gerais, encontram-se principalmente indústrias metalúrgicas, ligadas às matérias-primas da região. O Espírito Santo tem uma pequena participação industrial, sendo Vitória o centro mais desenvolvido.

Para o comércio exterior, as ferrovias são essenciais, pois fazem conexão com os principais portos da região: o de Santos (SP), o de Tubarão e o de Vitória (ES) e o do Rio de Janeiro (RJ).

Dentro da região, as rodovias promovem a integração regional ou estadual e as conexões nacionais.

**11.** Responda às questões.

a) O Sudeste abriga a maior concentração industrial do país. Qual estado é o grande destaque regional e nacional, já que apresenta todos os gêneros de indústrias, desde as tradicionais, como as de alimentos, de bebidas e têxteis, até as mais modernas, como metalúrgicas, químicas e automobilísticas?

b) Explique as consequências da interiorização industrial no estado de São Paulo.

c) Por que nas regiões próximas a Belo Horizonte encontram-se instaladas, principalmente, indústrias metalúrgicas?

**12.** Toda essa atividade industrial justifica o alto consumo de eletricidade na região, que é servida por importantes hidrelétricas. Consulte o Miniatlas e identifique os principais rios da região.

**13.** Responda às seguintes questões.

a) Qual é a importância do sistema ferroviário para a região Sudeste?

b) Com a industrialização, houve um crescimento na extensão da malha rodoviária da região Sudeste. Qual é a sua importância para a região?

c) O Sudeste apresenta o maior volume de tráfego de linhas aéreas. Qual é a importância dessas linhas para a região?

## 22. Região Sul

A região Sul é a menor das regiões brasileiras, com uma extensão de 576.301 km², que representam menos de 7% do total da superfície do país.

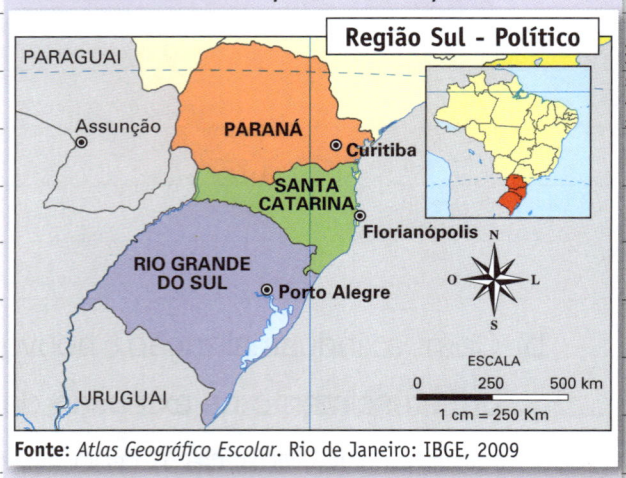

**Região Sul - Político**

Fonte: *Atlas Geográfico Escolar*. Rio de Janeiro: IBGE, 2009

1. Observe o mapa anterior e responda às questões a seguir.

   a) Quais são as Unidades da Federação que compõem a região Sul?

   b) Quais são as suas capitais?

   c) Quais são os países que se limitam com a região Sul?

   d) Qual é a capital sulina que fica numa ilha?

   e) Qual é a capital sulina que fica às margens de um rio? Identifique o rio.

## Relevo

As formas predominantes do relevo na região Sul são os planaltos e as chapadas.

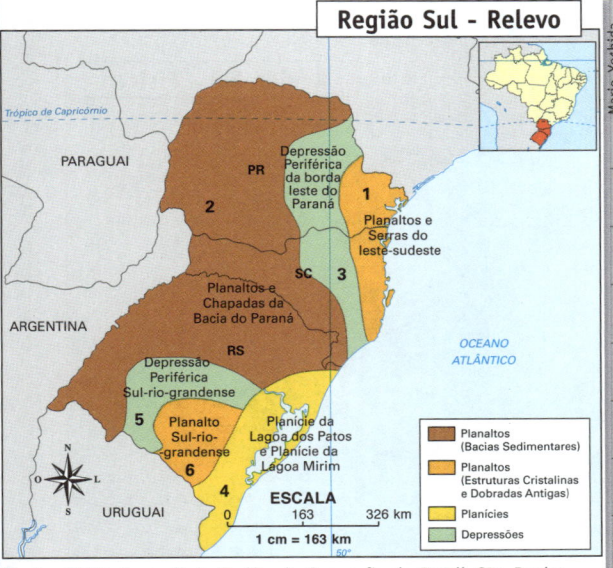

**Região Sul - Relevo**

Fonte: ROSS, Jurandir L. S. (Org.). *Geografia do Brasil*. São Paulo: Edusp, 1995.

Parque Nacional da Serra Geral em Cambará do Sul, Rio Grande do Sul.

**2.** Observe o mapa acima e relacione os números do mapa com as unidades de relevo.

(   ) Depressão periférica Sul-Rio-Grandense, onde são comuns as "coxilhas" (ondulações do relevo local).

(   ) Planaltos e serras do Atlântico-Leste-Sudeste (denominados planaltos cristalinos), constituídos de rochas magmáticas antigas.

(   ) Depressão periférica da borda leste do Paraná – rebaixamento estreito caracterizado por formações sedimentares.

(   ) Planalto Sul-Rio-Grandense, formado por rochas cristalinas muito desgastadas pela erosão.

(   ) Planaltos e chapadas da bacia do Paraná, formados por terrenos sedimentares e vulcânicos.

(   ) Planície da lagoa dos Patos e Mirim, formada por restingas, praias, dunas e muitas lagoas costeiras.

## Hidrografia

Em virtude das condições climáticas, a região Sul apresenta-se bem alimentada pelas chuvas, além de ter grande potencial hidrelétrico, já que o relevo é bastante acidentado, com acentuados desníveis.

**Região Sul - Físico**

Fonte: SIMIELLI, M. E. *GeoAtlas*, São Paulo: Ática, 2002.

**3.** Observe o mapa da página anterior e complete os espaços em branco.

A bacia do _____ caracteriza toda a porção noroeste da região. O rio _____ é o eixo da bacia, aparecendo nos limites entre os estados do _____ e _____ e entre o Brasil (Paraná) e o _____. Os principais componentes dessa bacia são os rios _____, _____, _____ e _____.

A grande importância da bacia do _____ se deve ao fato de nela estar a maior usina hidrelétrica do país, a usina de _____. Além disso, tem na foz do _____ uma das mais importantes atrações turísticas do Brasil.

A bacia do _____ caracteriza as porções central e sudoeste da região. O rio _____, formado pelos rios _____ e _____, é o eixo da bacia. Ele é a fronteira natural entre o Rio Grande do Sul e a _____ em boa parte do seu curso.

A bacia do _____, ao contrário das bacias anteriores, é formada pelo conjunto de rios que correm para o _____, desaguando diretamente no oceano _____ ou em lagoas costeiras. A bacia do _____ caracteriza-se por apresentar a mais importante formação lacustre do país, em que se destacam a lagoa _____ e a _____ e o famoso _____.

> **Clima**
>
> O clima predominante na região Sul é o subtropical. Esse clima apresenta as mais acentuadas amplitudes térmicas do Brasil, havendo grandes diferenças entre as médias de temperatura de verão e de inverno.
>
> Ocorre, portanto, boa alternância de estações – todas bem definidas, sendo as chuvas regularmente distribuídas durante o ano.
>
> A zona de domínio do clima subtropical sofre influência da massa de ar frio (polar atlântica), a qual ocasiona os fenômenos de geada – bem típicos dessa região.

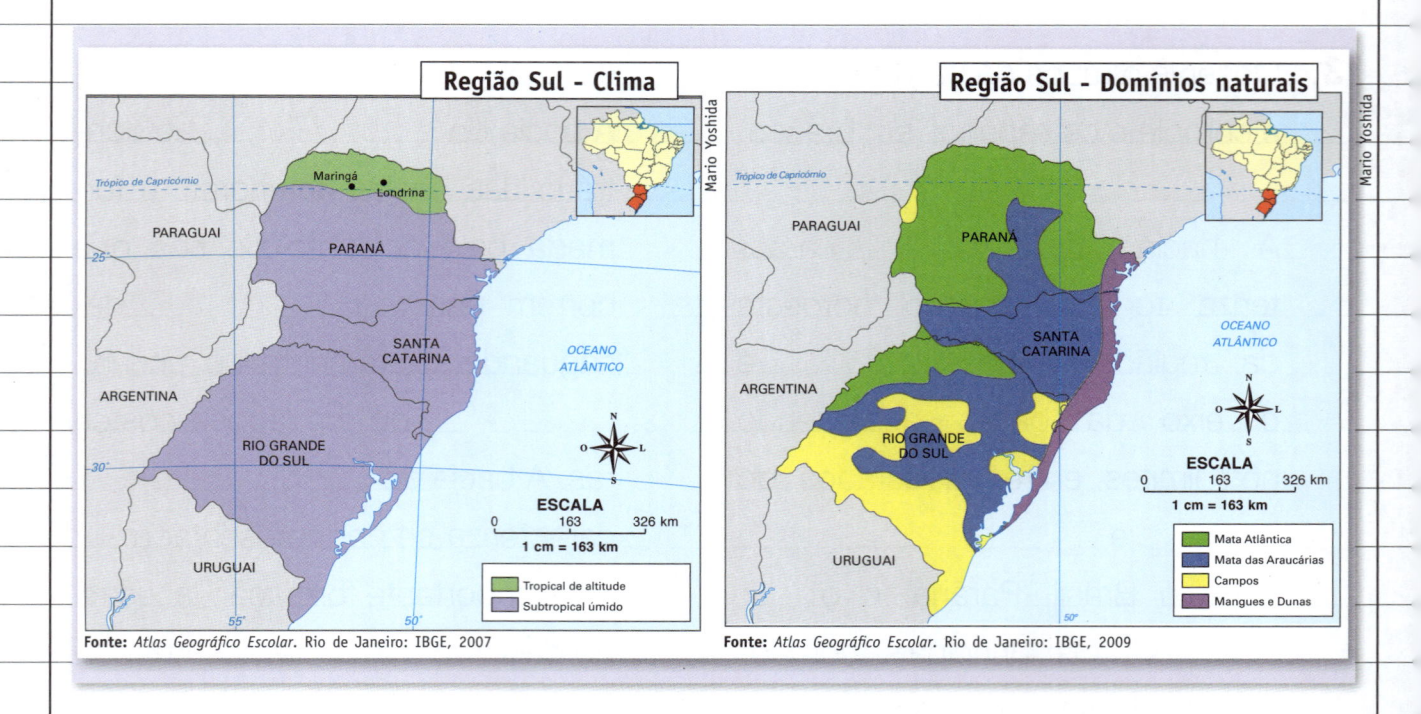

**4.** Complete a cruzadinha a seguir.

Dicas:

1 estações do ano bem definidas

2 massa de ar frio

3 clima presente em toda a região Sul do Brasil

4 Temperaturas muito altas e muito baixas

5 fenômeno típico na região

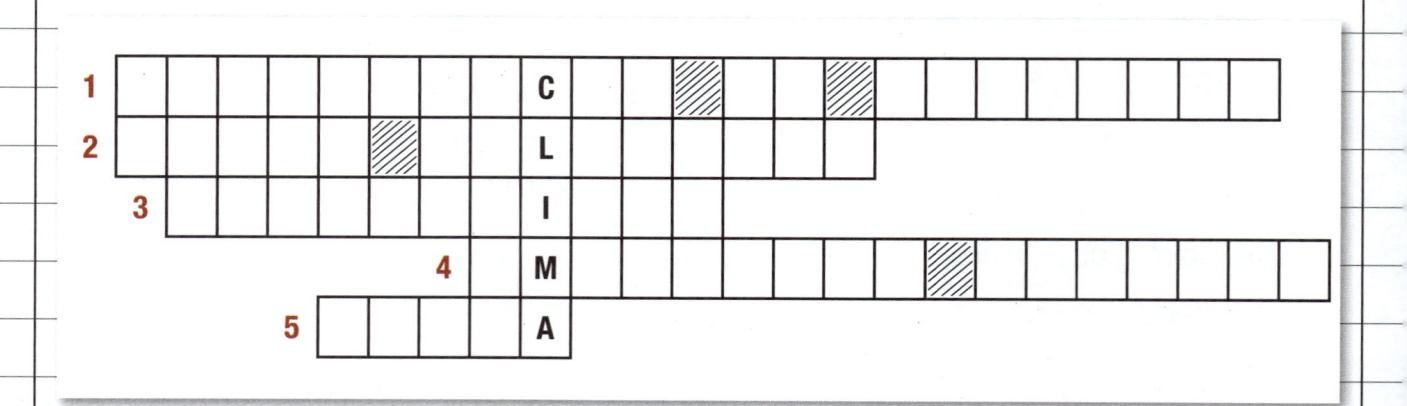

**5.** Associe as regiões naturais da região Sul às informações abaixo.

1. Mata dos Pinhais ou floresta das araucárias.
2. Campos limpos, campinas ou pradarias.
3. Mata Atlântica.

(   ) Vegetação rasteira predominante na porção centro-sul do Rio Grande do Sul, associada às partes mais baixas e planas do relevo e apropriada à criação extensiva de gado bovino.

(   ) Junto aos planaltos e às serras do Atlântico-Leste-Sudeste, a vegetação devastada foi muito utilizada economicamente, desde os tempos coloniais como fornecedora de madeiras de lei.

(   ) Predominante em toda a porção centro-oeste dos estados do Paraná e de Santa Catarina e noroeste do Rio Grande do Sul, é a principal paisagem vegetal da região Sul, com grande aproveitamento econômico da madeira para a construção civil e para a fabricação de papel.

### População

A Região Sul é a terceira região mais populosa do Brasil, com população absoluta superior a 27 milhões de habitantes (em 2010), e é a segunda região mais povoada do país, com densidade demográfica de 47 hab./km².

| Unidade da Federação | REGIÃO SUL – 2010 | | |
|---|---|---|---|
| | Área total (km²) | População | |
| | | Absoluta | Hab./km² |
| Paraná | 199.282 | 10.444.526 | 52,4 |
| Rio Grande do Sul | 281.734 | 10.693.929 | 37,9 |
| Santa Catarina | 95.285 | 6.248.436 | 65,5 |
| Total regional | 577.214 | 27.386.891 | 47,4 |

Fonte: IBGE, 2010.

**6.** Observe a tabela anterior e numere em ordem crescente os estados da região Sul:

a) quanto à população absoluta.

b) quanto à densidade demográfica.

> A ocupação populacional da região Sul é relativamente recente, pois ocorreu efetivamente apenas no século XIX, com incentivos do governo à imigração – inicialmente com a política de doações de terras, atraindo imigrantes espanhóis, açorianos, alemães, eslavos e japoneses.
>
> A região Sul compreendia uma área de disputa com países vizinhos, e, por isso, havia interesse e necessidade de se ocupar os limites meridionais do país.

**7.** Identifique os principais centros de imigração europeia na região Sul.

> **A riqueza econômica do Sul**
> **Extração Vegetal**
>
> A exploração de **madeira** (araucária) realizada na Mata dos Pinhais, que fornece madeira adequada à fabricação de papel e a setores da construção civil, é uma das mais importantes riquezas naturais da Região sul – apesar de provocar sucessivas depredações nas zonas florestais da região.
>
> Outras explorações vegetais importantes, também associadas à Mata dos Pinhais, são a da **erva-mate** e a da **imbuia**.
>
> **Extração Animal**
>
> **Apicultura** – praticada nos três estados da Região Sul, com destaque para o RS, maior produtor nacional de mel.
>
> **Sericicultura** – destaque para o Paraná, maior produtor brasileiro de casulos de seda.
>
> **Pesca** – principalmente nos estados de Santa Catarina e Rio Grande do Sul.

> **Extração mineral**
>
> **Carvão mineral** – explorado nos três estados, que são os maiores produtores nacionais.
>
> **Cobre** – explorado em Camaquã e Caçapava do Sul, no RS.
>
> **Chumbo** – extraído em Adrianópolis, no Paraná.
>
> **Xisto betuminoso** – produzido em São Mateus do Sul, Paraná.
>
> **Fluorita** – em SC e PR.
>
> **Talco** – no Paraná.

**8.** Identifique quais são as principais riquezas extrativas:

a) do Paraná.

b) de Santa Catarina.

c) do Rio Grande do Sul.

> **Agricultura**
>
> A região Sul apresenta a maior densidade agrícola do país, sendo responsável por aproximadamente 50% da produção nacional de soja, uva e milho, além de dar conta de quase toda a produção nacional de fumo, trigo, aveia, cevada e centeio.
>
> A presença do imigrante europeu foi essencial para o modelo agrícola da região, pois ele desenvolveu atividades policultoras em pequenas e médias propriedades.

Com a expansão das culturas mecanizadas, que exigem mais espaço para plantio, e com o progressivo aumento das áreas de cultivo de alguns produtos para exportação, têm diminuído na região as áreas de influência dessa agricultura colonial.

**Pecuária**

A atividade pastoril é desenvolvida na região Sul desde o período colonial, nas grandes propriedades, "estâncias" ou "fazendas de criação". Sua instalação na região está ligada ao domínio de paisagens vegetais rasteiras associado a um relevo regular, além de fatores históricos, como as doações de terras pelo governo aos que lutaram nas guerras de fronteira.

A atividade criatória é desenvolvida de forma extensiva e está voltada principalmente para o abate, destacando-se como principal atividade nos campos de Ponta Grossa e Guarapuava (PR), de Lages (SC), de Vacaria e da Campanha Gaúcha (RS).

A maior criação de ovinos está na região Sul, em que o estado do Rio Grande do Sul aparece com quase metade do efetivo nacional. A região Sul possui a segunda maior produção de pecuária leiteira, e os maiores rebanhos de galináceos do país.

**9.** Responda às questões.

a) Por que têm diminuído na região Sul as áreas de influência da agricultura colonial?

b) A região Sul destaca-se na produção de quais produtos agrícolas?

c) Que fatores favoreceram a instalação da atividade pastoril em grandes propriedades na região Sul?

d) Com quais atividades pastoris destaca-se o estado do Rio Grande do Sul?

e) A agricultura predominante na região Sul é comercial, com produtos de elevado valor, para o abastecimento do mercado interno e também para a exportação. Identifique esses produtos.

### Indústria

As indústrias sulinas têm estreita relação com as atividades agropastoris e de extração. Isso torna seus centros menos diversificados em termos de produção, pois quase sempre estão localizados próximos às zonas fornecedoras de matérias-primas. Como exemplos, podem-se citar:

- **indústria madeireira:** em Ponta Grossa (PR) e Lajes (SC);
- **indústria fumageira:** em Santa Cruz do Sul (RS);
- **indústria de papel:** Ponta Grossa, Guarapuava (PR) e Lages (SC);
- **indústria de calçados:** em Novo Hamburgo (RS);
- **indústria têxtil:** em Blumenau, Brusque e Joinville (SC);
- **indústria metalúrgica:** em Joinville (SC) e Caxias do Sul (RS);

- **indústria frigorífica:** em Concórdia (SC), Santana do Livramento e Rosário do Sul (RS);
- **indústria vinícola:** em Caxias do Sul e Bento Gonçalves (RS).

**10.** Identifique quais são as indústrias presentes

a) no Paraná:

b) em Santa Catarina:

c) no Rio Grande do Sul:

## 23. Região Centro-Oeste

**Região Centro-Oeste - Político**

Fonte: *Atlas Geográfico Escolar*. Rio de Janeiro: IBGE, 2009.

Tendo limites com todas as demais regiões brasileiras, a região Centro-Oeste abrange uma área de 1.606.446 km². É a segunda maior região do país, representando quase 19% de todo o território brasileiro.

**1.** Compare o mapa da região Centro-Oeste com os mapas políticos do Miniatlas e faça o que se pede.

a) Identifique as Unidades da Federação que compõem a região Centro-Oeste, suas respectivas siglas e as capitais dos estados.

b) Complete as frases a seguir.
• O Distrito Federal localiza-se no estado de _____, nos limites com _____.

• _____ é o maior estado da região Centro-Oeste e faz fronteira com a _____.

• _____ tem fronteiras com a Bolívia e o _____.

**Relevo**
As chapadas e os chapadões caracterizam os planaltos que dominam a superfície da região Centro-Oeste e são constituídos de terrenos sedimentares e cristalinos.

**2.** Com base no mapa a seguir, relacione as unidades de relevo às suas respectivas características.

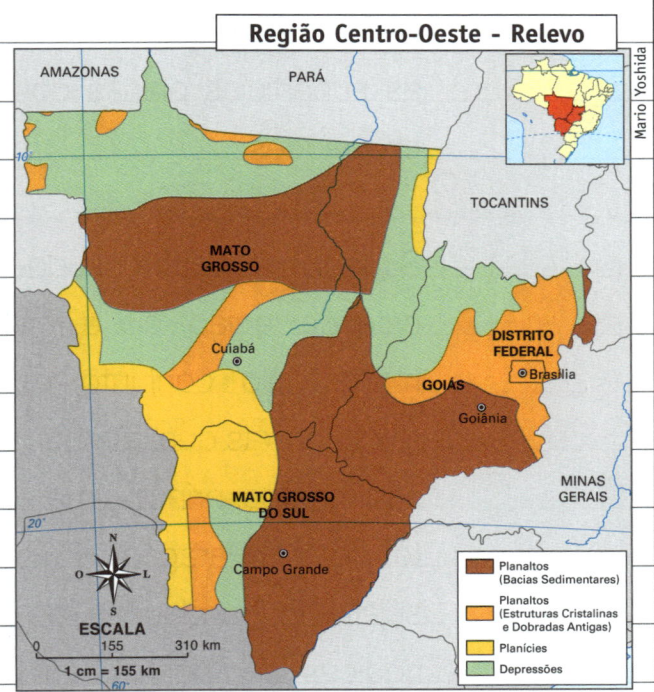

**Região Centro-Oeste - Relevo**

Legenda:
- Planaltos (Bacias Sedimentares)
- Planaltos (Estruturas Cristalinas e Dobradas Antigas)
- Planícies
- Depressões

Escala: 1 cm = 155 km

Fonte: ROSS, Jurandir L. S. (Org.) *Geografia do Brasil*. São Paulo: Edusp, 1995.

1. Planalto e chapada dos Parecis
2. Depressão marginal Sul-Amazônica
3. Planaltos e serras de Goiás-Minas
4. Planaltos e chapadas da bacia do Paraná
5. Planície e Pantanal Mato-Grossense

( ) Formados por uma estrutura geológica bastante antiga, com terrenos desgastados pela erosão.

( ) Nos limites com a Amazônia, esse planalto apresenta altitudes muito modestas, em que são comuns as superfícies planas dos chapadões.

( ) Situada na porção sudoeste da região, ela é formada pelo conjunto de terras baixas que recebem sedimentos, principalmente do rio Paraguai. Está sujeita a inundações periódicas por ocasião das cheias.

( ) Terrenos cristalinos com elevadas altitudes na porção oriental da região. É onde se situa o espigão mestre.

( ) Localizados ao sul da região, são constituídos por uma estrutura formada de arenito e derrames basálticos, em que se destacam as formações de "cuestas".

**3.** Compare os mapas e complete as frases a seguir.

a) A planície e o Pantanal Mato-Grossense abrangem terras dos estados de _____ e _____ e são drenados pelo rio _____ e seus afluentes.

b) A maior parte da região Centro-Oeste se caracteriza por relevo de _____ .

**Hidrografia**

A região Centro-Oeste é drenada por três grandes bacias fluviais: a do Paraná, a do Paraguai e a do Amazonas.

**Região Centro-Oeste - Hidrografia**

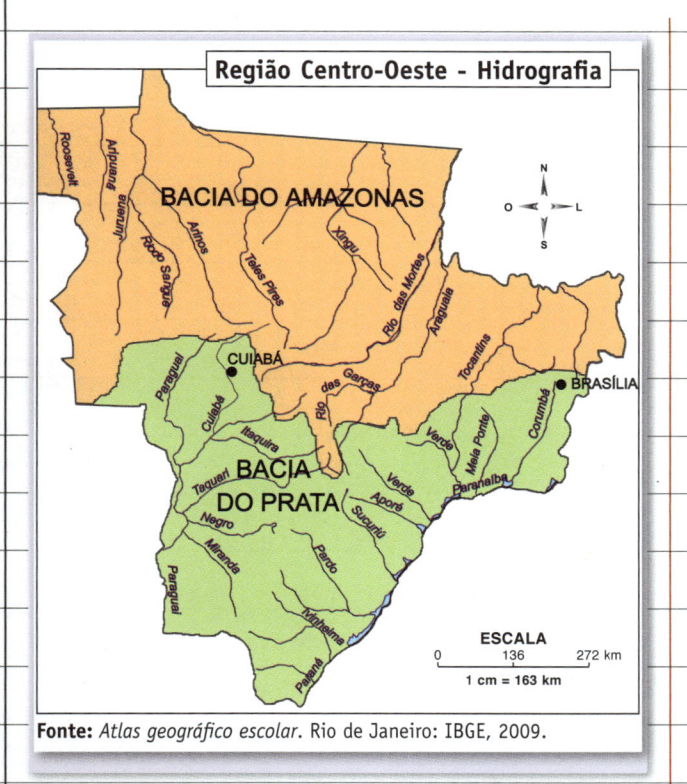

Fonte: *Atlas geográfico escolar*. Rio de Janeiro: IBGE, 2009.

**4.** Compare o mapa de hidrografia do Centro-Oeste com o mapa "Brasil- Destaques hidrográficos" do Miniatlas e faça o que se pede.

a) Localize os principais rios e agrupe-os por bacia.

Bacia Amazônica –

Bacia do Paraguai –

Bacia do Paraná –

b) Identifique os principais rios navegáveis na região.

### Clima

O clima dominante na região Centro-Oeste é o tropical típico ou tropical semi-úmido, caracterizado por duas estações bem definidas: estação seca, nos meses de inverno e primavera; e estação chuvosa, durante o verão e o outono.

Essa situação climática é decorrência da posição geográfica da região, tanto em termos de latitude como em continentalidade.

As principais características térmicas desse clima são as médias em torno de 20 °C a 25 °C, podendo variar em razão da altitude do relevo e da posição da região em face das influências das massas de ar.

**Região Centro-Oeste - Clima**

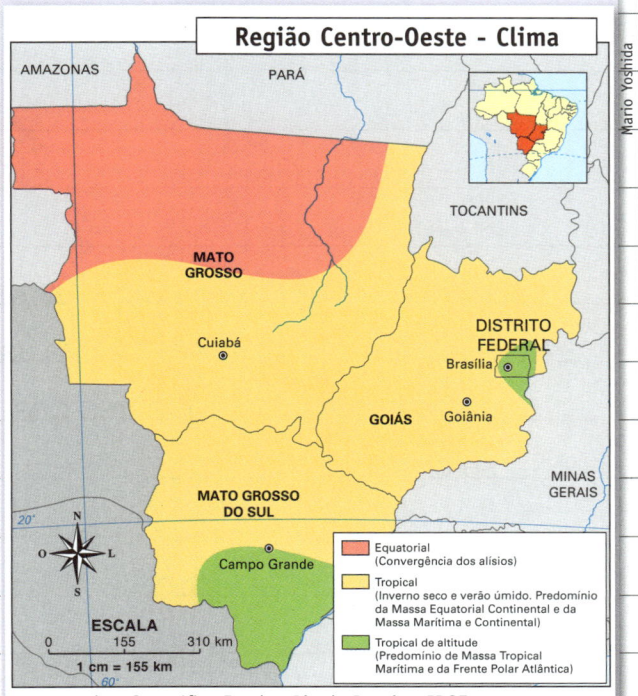

Fonte: *Atlas: Geográfico Escolar*. Rio de Janeiro: IBGE, 2007.

**5.** Leia o texto anterior e responda às questões a seguir.

a) Quais são os fatores que influenciam o clima da região Centro-Oeste?

b) Identifique o clima predominante na região Centro-Oeste e cite as características importantes desse clima.

**Vegetação**

Na região Centro-Oeste, estão presentes as seguintes formações vegetais:

**Floresta Amazônica** – é uma vegetação bastante densa e heterogênea que atinge principalmente o norte e o oeste de Mato Grosso.

**Floresta Tropical** – destaca-se, aí, a Mata Galeria, caracterizada por ser bastante densa e por acompanhar os cursos fluviais na porção oriental da região.

**Complexo do Pantanal** – localizado junto à planície, é formado por variadas espécies vegetais, como gramíneas, formações arbustivas e florestais.

**Cerrado** – maior formação vegetal da região, é constituído por gramíneas e arbustos, cujos tamanhos variam de acordo com a fertilidade dos solos da região.

**Região Centro-Oeste - Vegetação**

Fonte: *Atlas Geográfico Escolar*. Rio de Janeiro: IBGE, 2007.

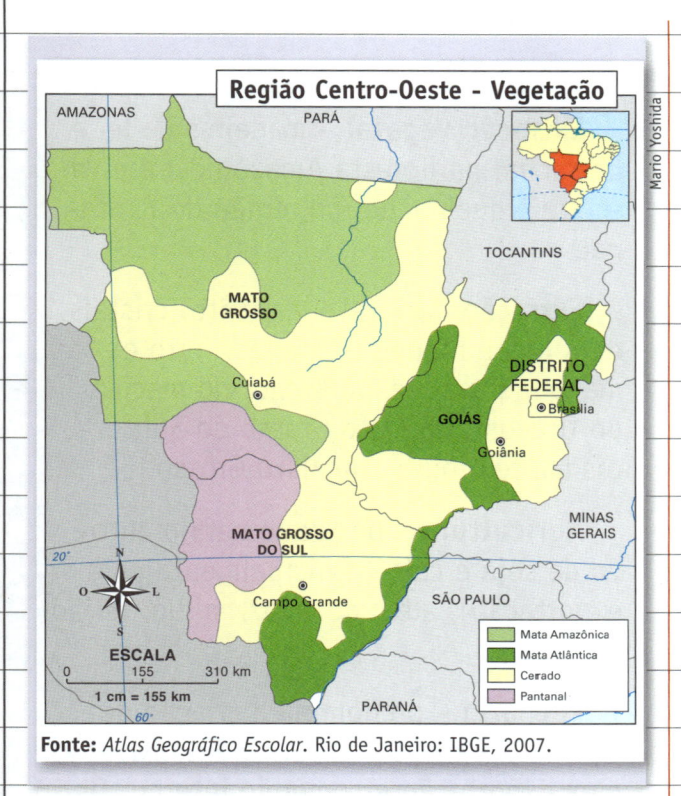

**7.** O Cerrado, além de estar situado numa região relativamente plana, apresenta extensas áreas cobertas por gramíneas. Qual atividade econômica é favorecida por essas condições?

**6.** Comparando os mapas anteriores, relacione o tipo de vegetação predominante nas áreas de cada clima.

| Clima | Vegetação |
|---|---|
|   |   |
|   |   |
|   |   |

### População

A região Centro-Oeste é pouco populosa, ou seja, tem um número de habitantes relativamente baixo (14 milhões de habitantes), e pouco povoada, isto é, apresenta baixa densidade demográfica (8,7 hab./km$^2$).

Inicialmente, o povoamento da região foi motivado pela mineração e pela expansão agropecuária. Um crescimento mais acelerado ocorreu somente a partir da década de 1950, motivado pela construção de Brasília.

Em termos étnicos, há um predomínio de população parda e branca na região.

**8.** A predominância das atividades rurais tradicionais em muitas partes da região não foi capaz de manter as populações no campo, devido à mecanização de certos setores da agropecuária e das novas possibilidades de empregos que surgiram em determinados centros urbanos. Cite os fenômenos que explicam esse processo.

**9.** Explique o que significa uma região ser "pouco povoada" e "pouco populosa".

**Economia**

**Extração vegetal** – madeiras de lei e borracha, na floresta Amazônica; e erva-mate e quebracho, na região do Pantanal.

**Extração mineral** – amianto, cristais de rocha e níquel, em Goiás; ferro e manganês para exportação, no maciço do Urucum, no Mato Grosso do Sul; e diamante e ouro, em Mato Grosso.

**Agricultura** – destaque para o cultivo de soja e café (principalmente para exportação), além de arroz, milho, feijão e trigo.

**Pecuária** – predomina a criação de bovinos, realizada de forma extensiva para exportação e comércio interno. Os maiores rebanhos da região encontram-se em Mato Grosso e em Goiás.

Gado no Pantanal.

**10.** Quais são as principais atividades do setor primário da economia presentes na região Centro-Oeste?

_____

_____

**11.** Leia o texto anterior e complete o mapa a seguir.

Título: _____

**Legenda**

ESCALA
0   263   526 km
1 cm = 263 km

a) Coloque a sigla dos estados e o nome das capitais.

b) Contorne a região Centro-Oeste.

c) Escolha cores e símbolos para representar as atividades primárias na região:

- norte de MT – cultura de grãos (arroz, soja, trigo etc.);
- sul de MT – cultura de grãos e criação de gado melhorada (agricultura mecanizada);
- norte de GO – cultura de grãos (arroz) e criação extensiva de gado (gado solto);
- sul de GO – cultura diversificada, criação melhorada e extensiva;
- MS – criação extensiva (Pantanal), cultura de grãos (soja e trigo), criação melhorada (semi-intensiva);
- extração vegetal e mineral – conforme o texto.

d) Crie uma legenda para o mapa.

e) Escolha um título para o mapa.

**Indústria** – a maior parte das indústrias concentra-se no estado de Goiás, produzindo alimentos, bebidas e fumo. Há, ainda, indústrias ligadas à metalurgia e à química.

**Transporte** – o sistema de transportes é precário, dificultando bastante o mercado de importação e exportação. Os principais meios de transporte dos produtos são o rodoviário, o ferroviário e o fluvial.

**12.** O Centro-Oeste é um grande fornecedor de produtos para exportação. Sabendo disso, quais são os principais produtos que têm como destino o mercado exterior?

**13.** Qual tipo de indústria predomina no Centro-Oeste?

**14.** Qual meio de transporte é utilizado para o escoamento dos minérios do Centro-Oeste?

# MINIATLAS

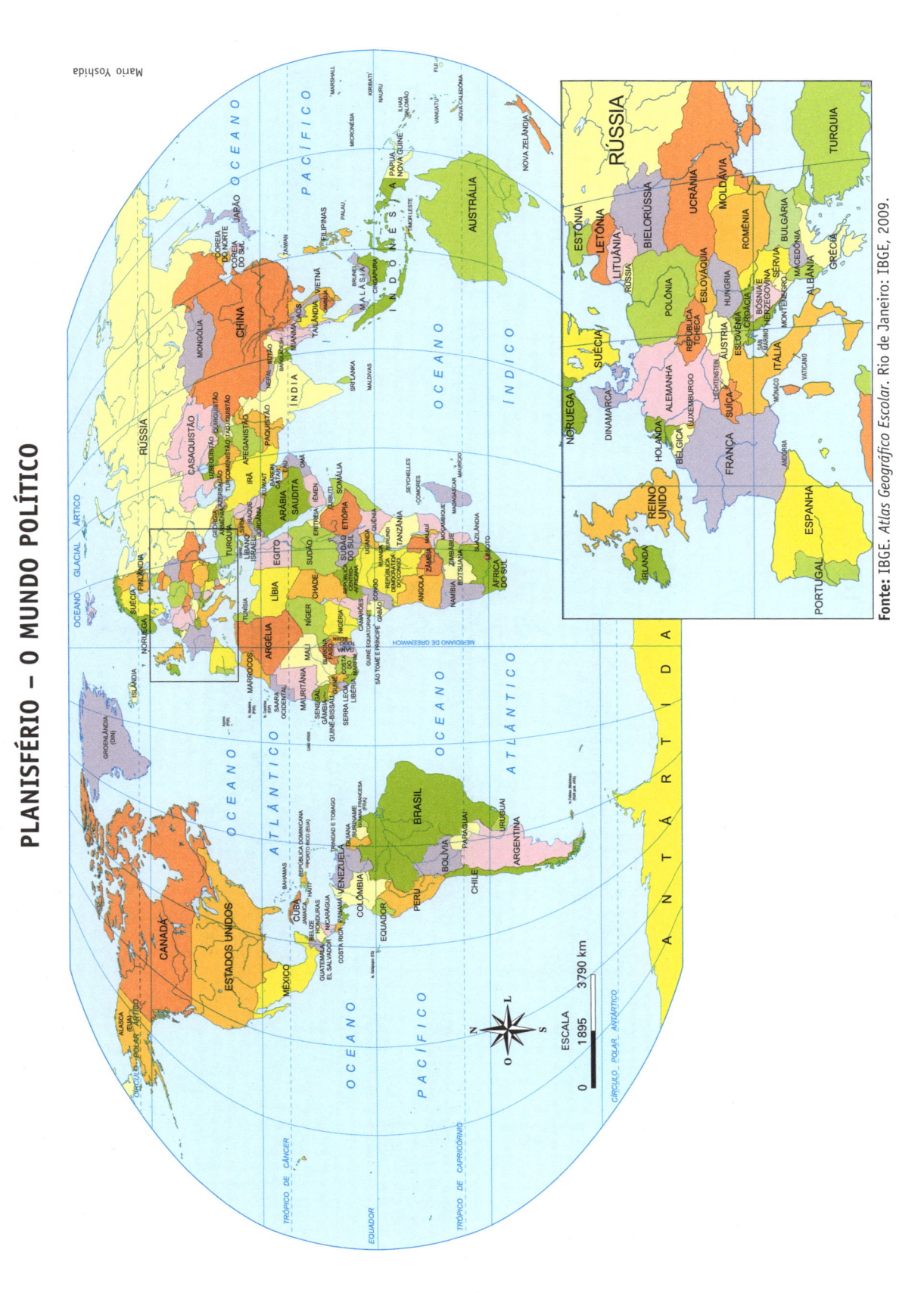

## PLANISFÉRIO – O MUNDO POLÍTICO

Fonte: IBGE. *Atlas Geográfico Escolar*. Rio de Janeiro: IBGE, 2009.

# MINIATLAS

## PLANISFÉRIO – ZONAS TÉRMICAS

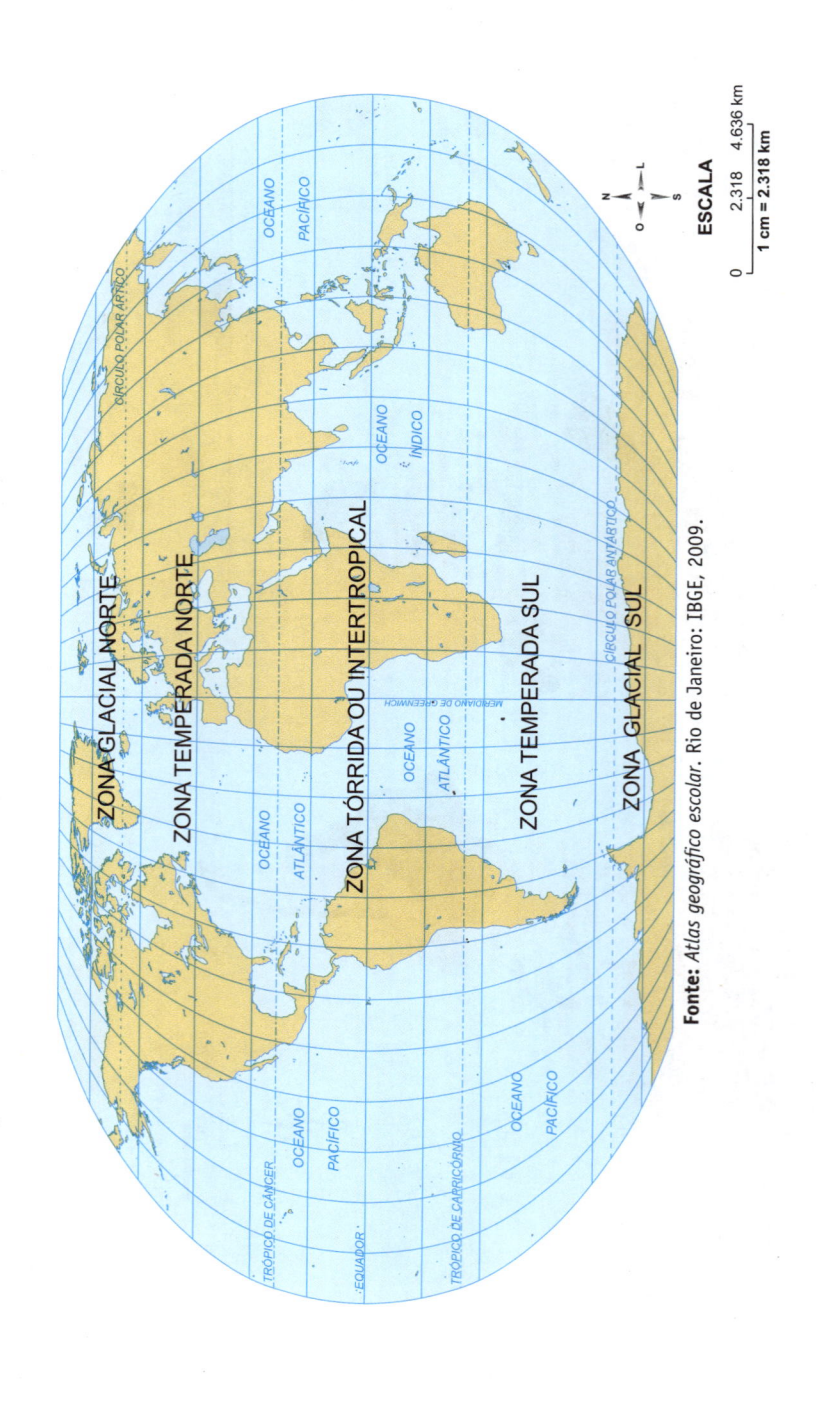

Mario Yoshida

ZONA GLACIAL NORTE
CÍRCULO POLAR ÁRTICO
ZONA TEMPERADA NORTE
TRÓPICO DE CÂNCER
ZONA TÓRRIDA OU INTERTROPICAL
EQUADOR
TRÓPICO DE CAPRICÓRNIO
ZONA TEMPERADA SUL
CÍRCULO POLAR ANTÁRTICO
ZONA GLACIAL SUL

OCEANO PACÍFICO
OCEANO ATLÂNTICO
OCEANO ÍNDICO
OCEANO PACÍFICO
MERIDIANO DE GREENWICH

ESCALA
0    2.318    4.636 km
1 cm = 2.318 km

**Fonte:** *Atlas geográfico escolar.* Rio de Janeiro: IBGE, 2009.

# AMÉRICAS – POLÍTICO

**Fonte:** *Atlas geográfico escolar.* Rio de Janeiro: IBGE, 2009.

## BRASIL – POLÍTICO

**Fonte:** *Atlas geográfico escolar.* Rio de Janeiro: IBGE, 2009.

**MINIATLAS**

## BRASIL - DESTAQUES HIDROGRÁFICOS

Fonte: *Atlas geográfico escolar*. Rio de Janeiro: IBGE. 2009.

153

# MINIATLAS

## BRASIL - DENSIDADE DEMOGRÁFICA

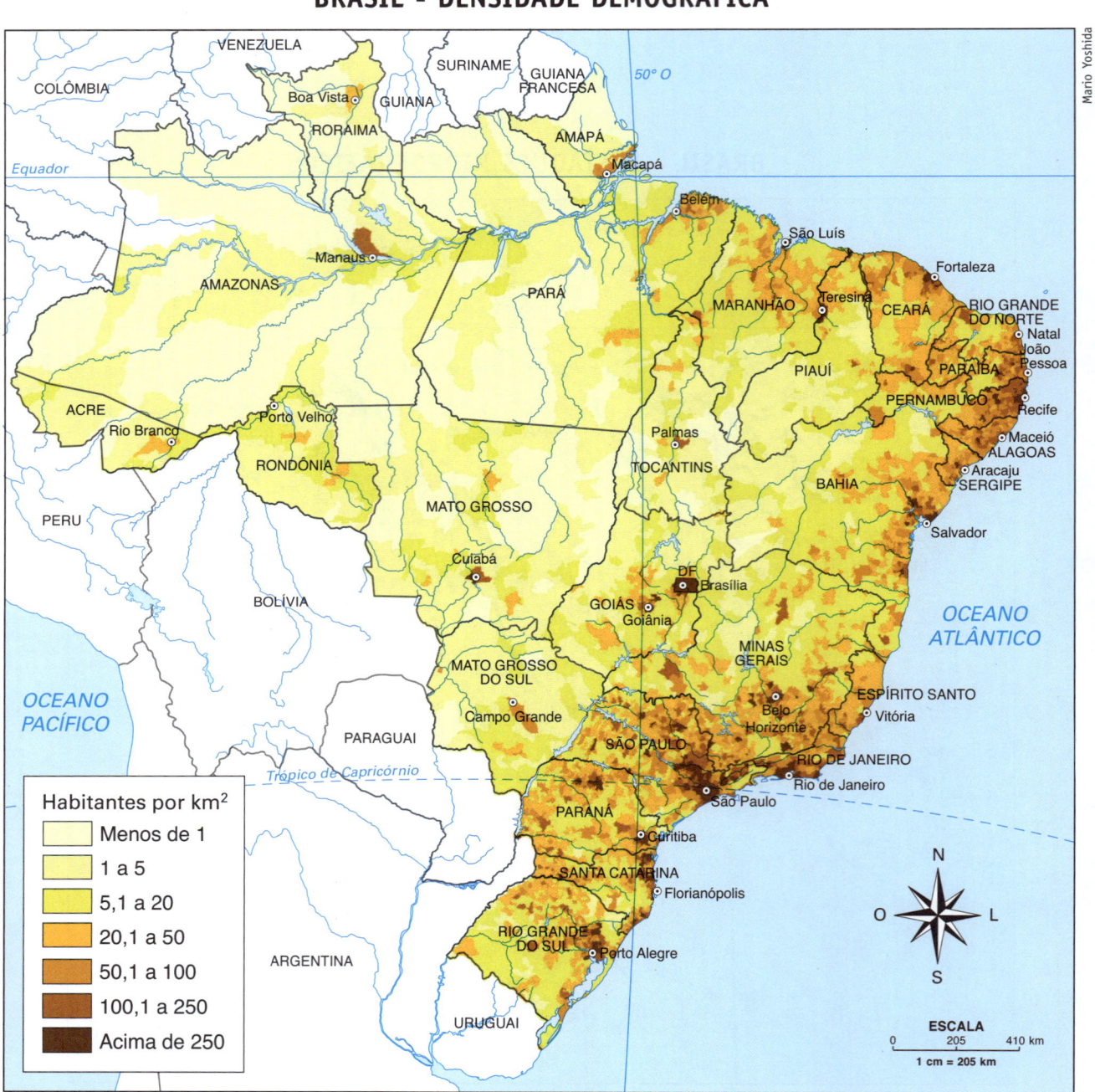

Habitantes por km²
- Menos de 1
- 1 a 5
- 5,1 a 20
- 20,1 a 50
- 50,1 a 100
- 100,1 a 250
- Acima de 250

ESCALA
0 — 205 — 410 km
1 cm = 205 km

Mario Yoshida

**Fonte:** IBGE, Censo demográfico, 2010.

## ANOTAÇÕES